尾張 名古屋の歴史歩き

Owari Nagoya

大下 武
OSHITA Takeshi

ゆいぽおと

1

2

四間道

しけみち

本文P.127–P.137

3

4

5

1 名塩《めいえん》の祖「青木家」から始まる土蔵列

2 逆からの土蔵群も絵になる

3 大船町《おおぶなちょう》(現、那古野1丁目)「青木家住宅」

4 四間道《しけみち》界隈の主「川伊藤家住宅」

5 日本酒バーの軒先に「志るしの杉玉」

1

有松

ありまつ

本文 P.84-P.95

2

3

4

5

1　井桁屋の卯建《うだち》が上がった
2　庄九郎の伝統を継ぐ「笹加《ささか》」
3　岡家《おかけ》住宅から第２環状を望む
4　タヌキが目印の寿限無《じゅげむ》茶屋
5　有松随一の景観「服部家住宅」

文化《ぶんか》のみち

本文 P.110–P.121

1

5
―
6

2

3

4

1　ズバリ大正を感じる
「文化のみち二葉館」

2　橦木町散策の拠点
「橦木館」

3　豊田一族で唯一残る
「佐助邸」

4　江戸の風情の「香楽」

5　千坪の料亭「か茂免」

6　誰が名づけたか
「百花百草」の御休処

1

広小路通

ひろこうじどおり

本文 P.138-P.155

2

3

4

5

1　納屋橋撮るならこのアングル
2　旧三井銀行名古屋支店は現役
3　往時の大和《やまと》生命ビルの証人
4　広小路牢屋と隔てた不浄よけ（朝日神社）
5　納屋橋から上流の錦橋を見る

尾張名古屋の歴史歩き

大下　武

はじめに

名古屋台地の北西端に名古屋城が築かれるまで、尾張国にはいくつも城があった。そのなかでとくに核となる城が、清洲（須）城と岩倉城である。

織田信長が清洲の守護代織田信友《のぶとも》を討ったのは、天文《てんぶん》二四年（一五五五、一〇月弘治《こうじ》改元）のこと、岩倉の織田信賢《のぶかた》も四年後の永禄《えいろく》二年（一五五九）に滅ぼされ、城は破却された。清洲城へは信長の長男信忠《のぶただ》が入り、以後次男信雄《のぶかつ》、豊臣秀次《ひでつぐ》、福島正則《まさのり》、松平忠吉《ただよし》と城主が交替した。忠吉の没後徳川家康の九男義直《よしなお》が城主となり、西国への備えもあって北辺に懸崖《けんがい》をもつ「名古屋台地」に新たな名古屋城が築かれ、清洲から名古屋城下へ町ぐるみの移転が行われた。文字通り根こそぎの引っ越しで人口七万の清洲城下が急に寂《さび》れ、のちに美濃路の宿場町として再生をはかることになる。

名古屋城下の新たな町割《まちわり》は、城づくりとともにはじまり、東西線・南北線に沿った区割りが、碁《ご》盤《ばん》の目に似ることから「碁盤割」とよばれた。東西筋は、城の南《みなみ》外堀《そとぼり》に沿った外堀筋（片端《かたは》筋《すじ》とも）を基準に、その南「京町《きょうまち》筋」から「堀切《ほりきり》筋（のちの広小路）」まで九本の東西通りが敷かれた。一方南北の筋は、城の本町門に通じる本町通《ほんまちどおり》を基準に、西は「長者町《ちょうじゃまち》筋」から五本目の「御園《みその》町《ちょう》筋」まで、東は「七間《しちけん》町《ちょう》筋」から六本目の「久屋《ひさや》町《ちょう》筋」までタテ一二筋、ヨコ一〇筋に区画され、計九九のブロック（一一×九）が生まれた。町名は九九のはずだが、実際は飛ばされたり、隣の名が付されたり、さらに時代による移動もあって、江戸中期頃の町名は九七だった。

名古屋の街は、この碁盤割を核として発展する。碁盤割のなかに住居を持つ藩士もいたが、多くは城周辺の藩士住宅地「長塀町、白壁町、主税町、撞木町、武平町」に屋敷地を与えられた。さらにその外周の、古出来町から建中寺、御下《おした》屋敷にかけては、百人組同心や先手《さきて》同心、城代《じょうだい》同心ら足軽クラスが集住した。

一方伝馬町《てんまちょう》通《どおり》の延長から岡崎方面へ抜ける「飯田街道」は、現、東桜二丁目地区を中心に多くの寺院が軒を連ね、「東門前町」を形成していた。これに対比されるのが若宮八幡から大須にかけての地区で、ここを通る「美濃路」は、むかしから「門前町（通）」の名で呼ばれた。

本書で取り上げるのは、信長の尾張統一の過程で登場するいくつかの城と、その集大成ともいうべき名古屋城と城下町づくり、これが郷土史の骨格にあたる部分である。それだけでは教科書と変わらないから、その後の名古屋（尾張）の著名人に登場して貰い、彼らが残した遺跡の数々を、誌面の許す範囲で触れたいと思う。「歴史歩き」というと何かしら尤《もっと》もらしいが、いつの時代にもいる好奇心の強い年寄りが、各所を彷徨《さまよ》い歩いている姿である。しかし、好奇心の先達《せんだつ》といえば元禄の尾張藩士「朝日文左衛門」に若《し》くはなく、さすがに彼を超えるのは難しい。

先日主税町《ちからまち》界隈を歩いていて、「朝日文左衛門住居址」と記した説明板が太閤本店の入口横に立っているのに気付いた。かつて城下図を今の市街図に重ね合わせ、朝日家が太閤本店にほぼ重なるのを知って以来、この店に妙に親しみを覚え、通るたびに写真を撮った。タイミングさえ合えば、戸を開けて文左衛門が出て来そうである。その位置に、ようやく看板が立った。彼の住まい探しの話も、本書で取り上げたいと思っている。

尾張名古屋の歴史歩き　もくじ

はじめに……2

一　**尾張の城めぐり**……8

尾張の戦国時代……8

織田信秀の台頭……11

織田信長の尾張統一……13

岩倉城跡……15

山内一豊生誕地……18

下津《おりづ》城跡《じょう》……20

清洲城跡……22

草創期の清洲城……24

主が替わる清洲城……26

清洲城下めぐり……28

清涼寺　本陣跡　興聖山総見院　興化山長光寺の六角堂

二　**名古屋城の築城と碁盤割の城下町**……34

真北（しんぼく・まきた）からズレた町割り……34

磁石による方位……36
名古屋のまちの基準線……37
那古野城……38
那古野城その後……40
名古屋城の建設……42
重なり合った新旧の城……44
秘密の脱出口……48
「名古屋」と「御城下」と「碁盤割」……50

三　熱田から鳴海へ……53

熱田の町……53
東海道を行く……54
裁断橋と姥堂　白毫寺の「年魚市潟勝景」碑と芭蕉句碑　村上社のクスノキと万葉歌碑
桜田八幡社の万葉歌碑と桜田勝景碑　見晴台遺跡に建つ見晴台考古資料館
笠寺観音（天林山笠覆寺）　鳴海の蕉門
桶狭間の合戦遺跡と東海道……70
丹下砦　善照寺砦跡　中島砦
◇いまもつづく戦い「桶狭間古戦場跡」……73

鳴海宿の散策……78
鳴海城跡　如意寺《にょいじ》の時の鐘　誓願寺　瑞泉寺
絞りの町「有松」へ……84
絞りの技法……87
有松町めぐり……89
中濱家住宅　服部家住宅　服部幸平家住宅の倉　「竹田庄九郎」頌徳碑
竹田庄九郎と嘉平（笹加）の店　竹田家住宅　岡家住宅　小塚家住宅
四　尾張藩士の住宅街……96
朝日家の住まい探し……96
尾張藩士の住宅街―白壁町、主税町、橦木町―……103
五　「藩士たちのまち」の住人……106
豊田一族……106
豊田一族の住まい……108
文化のみちをたどる……110
◇ちょっと足をのばして　成田山貞照寺……113
文化のみち二葉館（旧川上貞奴邸）……115
橦木館……116

名古屋陶磁器会館……118
矢田邸と山吹谷公園……120
◇ちょっと足をのばして　ノリタケ　ノリタケの森　トヨタ産業技術記念館……121
◇森村組の歴史……123

六　火事が生んだ、道ふたつ——堀川沿いの四間道《しけみち》と栄《さかえ》広小路——……127

江戸時代の寒さと火事……127
堀川沿いのまち……131
信行院　長久山円頓寺　四間道　川伊藤家　青木家　浅間神社
万治の大火の記録……138
広小路という名称……142
広小路を歩く……144
丸善書店　明治屋　丸栄百貨店　電気文化会館　二つの銀行　納屋橋

一　尾張の城めぐり

尾張の戦国時代

尾張に点在するいくつかの城が、尾張国統一の歴史にどのようにかかわっていたのか、まずそこからはじめたいと思う。いささか堅い話になる。

尾張国の守護は足利時代の中　条《ちゅうじょう》氏までさかのぼる。以後高《こう》、土岐《とき》、畠山《はたけやま》、今川《いまがわ》氏を経て、一五世紀はじめには、斯波《しば》氏が任じられた。初代の斯波義重《よししげ》（〜一四一八）が文献に登場するのは、応永七年（一四〇〇）のこと、間もなく斯波家の執事甲斐《かい》氏に並んで、守護代織田氏の名が現れる。斯波義重は若狭や越前国の守護を兼ねており、越前織田庄《おたのしょう》の荘官「織田《おだ》氏」は、斯波氏の被官となることで、次第に勢力を伸ばした。

守護の斯波義重と守護代の織田常　松《じょうしょう》は京都に住み、又《また》守護代（守護代の代官）の織田常竹《じょうちく》が尾張へ赴任し、下津《おりづ》に守護所を構えた。義重の没後、子の義淳《よしあつ》、弟の義郷《よしさと》、その子千代徳丸《ちよとくまる》（義建《よしたけ》）と守護職を相続したが、義建が一八歳で亡くなり跡継ぎが絶えたため、執事の甲斐常治《かいつねはる》は斯波一族の「義敏《よしとし》」を養子に迎えた。一五世紀半ば、銀閣で知られる足利義政が、将軍になって間もない頃の話である。

しかし、義敏が甲斐氏と対立したため、将軍義政は義敏を廃して、その子「松王丸《まつおうまる》」に守護職を継がせた。やがて常治が没したのち、跡を継いだ甲斐敏光《としみつ》はやはり守護家との折合が悪く、新たに「義廉《よしかど》（足利一門渋川義鏡《よしかね》の子）」を守護として迎え、敏光自身は守護代となった。当然松王丸側は巻き返しに出る。

松王丸は有力者の伝手《つて》を頼り、父義敏の赦免を将軍に願い出、再び義廉から家督を取戻したが、今度は義廉側が黙っていない。越前、尾張の兵力を結集し、さらに山名持豊《もちとよ》（宗全《そうぜん》）を頼ったため、守護に復帰した義敏は越前に逃げ、義廉は再度守護に返り咲いた。応仁元年（一四六七）正月、山名氏の推挙で彼は管領《かんれい》に就任し、ここに京の義廉、越前の義敏と二人の守護が並び立つことになる。「応仁の乱」前夜の状況である。

戦国時代のはじまりを、一四六七年の「応仁の乱」に置く。乱のきっかけは、管領家畠山氏の義就《よしなり》と政長《まさなが》の家督争いだが、すぐに将軍義政の後継をめぐる弟義視《よしみ》と息子義尚《よしひさ》の争いに、さらに幕府の主導権をめぐる細川勝元《かつもと》と山名持豊の争いへ飛び火し、各国の守護たちを巻き込んでいった。

◆守護斯波家と守護代織田家の関係図

義重《よししげ》─義淳《よしあつ》
　└義郷《よしさと》─義建《よしたけ》（一八歳没）
　　‖義敏《よしとし》─松王丸（義良《よしすけ》、細川方・東軍）
　　　守護代　織田大和守敏定《としさだ》（清洲城）
　　‖義廉《よしかど》（山名方・西軍）
　　　守護代　織田伊勢守敏広《としひろ》（下津城）─寛広《とおひろ》（岩倉城）

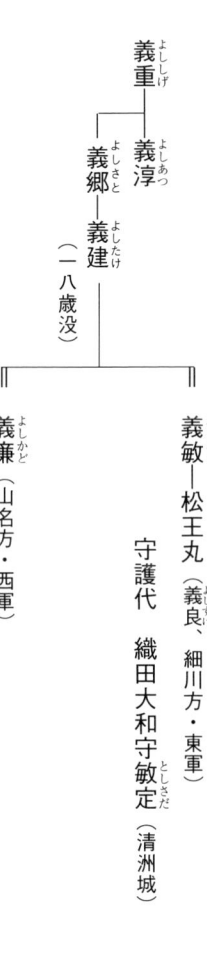

乱のさなか、斯波義廉《よしかど》は駿河の今川氏に対抗するため、尾張の守護所下津《おりづ》に入った（一四七五年）。このとき守護代として義廉を支えたのは、織田伊勢守敏広《としひろ》である。一方、斯波義敏《よしとし》の子松王丸《まつおうまる》（成人して義良《よしすけ》、文明一七年義寛《よしとお》に改名）の尾張入りは一〇年遅れるが、その間義敏側の守護代として活躍したのが、織田大和守敏定《としさだ》である。彼は義廉側拠点の「下津城」を焼き払い、自らはその別郭「清洲城」に拠った。文明一〇年（一四七八）頃のことである。

しかし今度は敏定の清洲城が、美濃の斎藤妙椿《みょうしゅん》（伊勢守敏広の義父）の攻撃に晒《さら》され、敏定は目に刺さった矢を抜く暇もなく戦ったという（中萱津《なかかやつ》実成寺の自画像）。しかし両者の激しい抗争も文明一二年までに収まり、翌一三年敏広の子千代夜叉丸（寛広《とおひろ》）は清洲側の守護義良《よしすけ》に帰順し、自らは岩倉城を拠点とした。その二年後、越前から義良が清洲入りし、この時から清洲城は名実ともに尾張国守護所となった。この後およそ八〇年、「上《かみ》の四郡（中島、葉栗、丹羽、春日井）」を岩倉の織田伊勢守、「下《しも》の四郡（愛知、智多、海東、海西）」を清洲の織田大和守が支配する状況が続くことになる。

清洲城の守護代織田大和守を支えたのは三奉行（織田因幡守・織田藤左衛門・織田弾正忠）たちで、なかでも津島を領し勝幡《しょばた》城に拠った弾正忠《だんじょうのじょう》家は、信秀の時代に急速に勢力を伸ばし、その子信長は尾張を統一し、さらに「天下布武」へと向かうことになる。

◆応仁の乱関係図

	【東軍】	【西軍】
畠山満家《みついえ》	（子）持富《もちとみ》―（養子）政長《まさなが》	（子）持国《もちくに》―（子）義就《よしなり》
将軍義政《よしまさ》	（子）義尚《よしひさ》	（弟）義視《よしみ》
斯波義健《よしたけ》	（養子）義敏《よしとし》	（養子）義廉《よしかど》
幕府有力者	（管領）細川勝元《かつもと》	（守護）山名宗全《そうぜん》

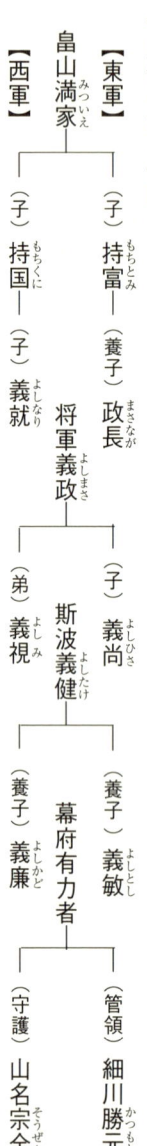

織田信秀の台頭

天文二年（一五三三）七月、織田信秀は天皇家に近い公卿《くぎょう》山科言継《やましなときつぐ》（一五〇七～七九）や和歌、蹴鞠《けまり》の師範飛鳥井雅綱《あすかいまさつな》を勝幡の居城に招き、連日蹴鞠《けまり》・和歌の会を催し、同伴して清洲城、小田井城（三奉行の一人織田藤左衛門居城）を訪れることもあった。このとき清洲城の守護代織田大和守達勝《みちかつ》、那古野《なごや》城主今川竹王丸《たけおうまる》（氏豊《うじとよ》）、熱田社の千秋《せんじゅう》季通《すえみち》などが蹴鞠の門弟になったという（『言継卿記』）。信秀はすでに守護代を超える経済力、軍事力を蓄えており、このリーダーシップにより尾張を他国の侵攻から守ることができた。

隣国三河では、加茂郡松平《まつだいら》郷から出た松平氏が矢作川《やはぎがわ》流域の岩津《いわづ》に進出、三代信光《のぶみつ》は岡崎の西郷氏を下し、さらに碧海《へきかい》郡の安城《あんじょう》（安祥《あんしょう》）城を手中に収めていた。以後、安城は信光の三男親忠《ちかただ》の居城となって繁栄し、一族の惣領的地位を獲得した。つづく長親、信忠の代に内紛が起きて低迷したが、一三歳で後を継いだ清康《きよやす》（家康の祖父）は再度一族の結束を固め、岡崎城の信貞《のぶさだ》を大草（幸田《こうた》）へ逐《お》い、拠点を今の岡崎に移して城下町の建設に着手した。さらに悲願の三河統一へと向かい、足助（豊田）の鈴木氏、吉田（豊橋）の牧野氏、田原《たはら》（豊橋）の戸田氏、宇利《うり》城（新城）の熊谷《くまがい》氏、伊保《いほ》城（豊田）の三宅氏を平定して、現豊田市以西の制圧に成功、さらに余勢を駆《か》って尾張側の品野（瀬戸）、

◆松平家略系図

親氏《ちかうじ》―泰親《やすちか》―信広《のぶひろ》（松平郷）―長勝《ながかつ》…（以下略）
　泰親―信光《のぶみつ》―親長《ちかなが》（岩津）…（途絶）
　信光―親忠《ちかただ》（安城）―長親《ながちか》―信忠《のぶただ》―清康《きよやす》（岡崎）―広忠《ひろただ》―家康《いえやす》
　長親―信定《のぶさだ》（桜井）

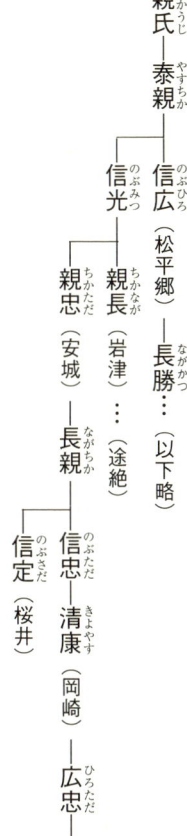

岩崎（日進）にまで進出した。しかしここに思いがけぬ落とし穴が待っていた。

かつて清康の父信忠と家督を争った叔父信定《のぶさだ》（桜井）は、織田信秀の弟信光《のぶみつ》を婿としており、信光の居城のある守山（名古屋）に所領を持っていたが、加えて甥の清康から新たに品野を譲られ、尾張との関係を深めていた。天文四年（一五三五）清康が尾張東部へ本格的侵攻を開始したとき、拠点を守山城に置いたのはこうした理由からである。しかし叔父信定は参陣せず、密かに謀反の噂が流れるなか、些細《ささい》な誤解から清康が近臣に殺害される事件が起き、忽《たちま》ち松平勢は総崩れとなった（清康二五歳没、守山崩れ）。

後を継いだ清康の子広忠（一〇歳）は、信定に惣領の地位を奪われ岡崎城も逐《お》われて流浪し、最後は今川義元を頼ることになる。のちに今川氏の支援で岡崎城へ戻り家督を継いだが、あくまで今川氏の庇護の許《もと》でのことだった。

一方尾張の織田信秀は、天文七年（一五三八）那古野《なごや》城を奇襲して今川氏豊《うじとよ》を逐い、嫡子の信長に城を与え、自らは古渡《ふるわたり》（現、名古屋東本願寺）に城を築いて移った。さらに同九年には安城城を攻略して信広（信長の庶兄）を置き、一一年には今川氏の援軍を小豆坂《あずきざか》（JR岡崎駅の東）に破った。こうした攻勢のなか、刈谷の水野信元《のぶもと》が松平氏を見限って信秀側についたため、広忠の正室於大《おだい》（信元の妹）は離縁され、三歳の竹千代（家康）を岡崎に残したまま、刈谷の実家へ戻された。

しかし織田信秀の快進撃もここまでで、晩年は精彩を欠く。すなわち天文一三年と一六年の二度、尾張勢を結集して斎藤道三の稲葉山《いなばやま》城下を攻めたがいずれも失敗し、弟の信康をはじめ織田因幡守、千秋《せんしゅう》季光《すえみつ》ら多くの武将を失うことになる。さらに天文一七年三月、太原雪斎《たいげんせっさい》（崇孚《すうふ》、一四九六〜一五五五、臨済の僧、今川家軍師）率いる今川勢と再度小豆坂で戦って敗北、結局信秀は両面作戦を諦めて斎藤道三の息女帰蝶《きちょう》（濃姫《のうひめ》）を信長の妻に迎え、その後は専《もっぱ》ら三河勢へ対峙《たいじ》するため、古渡城（名古屋市中区）を取り壊して末盛《すえもり》城（同千種区）を築いた。

一方今川方も尾張への攻勢を強め、天文一八年（一五四九）安城城を襲い、守将の信広（信長の兄）を人質として、信秀側の人質松平竹千代と交換した。竹千代は二年前、父広忠が今川援軍の代償として駿府へ送る途中、田原の戸田氏が奪い信秀の許へ送っていたのである。解放された竹千代はいったん岡崎へ帰ったものの、父広忠はすでに亡《な》く（一八年三月、近臣岩松八弥《いわまつはちや》により殺害）、結局駿府へ送られ、義元の膝下、今川方の将として育てられることになった。

織田信長の尾張統一

信秀は清洲守護代織田大和守の奉行の一人として津島を領し、勝幡《しょばた》に居城し、のちに名古屋台地へ進出して、美濃、三河（駿河）勢力の侵攻を防ぎながら、尾張織田一族の統合をめざした。必ずしも成功したとはいえないが、嫡子信長へ引き継ぐまでの実績は評価されてよい。

信秀の没年ははっきりしない。『信長公記』は「天文己酉《きゆう》

織田信秀公廟所（大須万松寺）

「守山城趾」碑（名古屋市守山区市場宝勝寺北の小丘上）

（十八年・一五四九）疫《えきれい》ニヲカサレ、三月三日、御歳《おんとし》四十二歳ニテ逝去シ給フ、法名桃巌《とうがん》トゾ申シケル」と記し、他書もこれに倣《なら》って定説化したが、万松寺《ばんしょうじ》、桃巌寺《とうがんじ》位牌には「天文二十年辛亥三月三日」とあり、『万松寺過去帳』は「天文二十一年、四十二歳」とする。小和田哲男氏は「天文一九年発給の信秀判物《はんもつ》があって一八年説は成立しない」とし、「晩年病に臥したのち天文二〇年か二一年の三月三日に没した」とされる（『織田信長事典』）。

信長が一九歳で家督を継いで間もなく、天文二一年四月、鳴海城（名古屋市緑区）の山口教継《のりつぐ》が今川方に通じ、出兵した信長と三の山・赤塚（現、三王山とその東）の地で交戦したが、勝敗はつかなかった。天文二三年七月、尾張守護の斯波義統《よしむね》が守護代織田信友《のぶとも》と家宰の坂井大膳《だいぜん》のため自害させられると、翌二四年（一五五五）四月守山城の信光は信長と密約し、謀略によって清洲城を奪い信友を滅ぼした。信長は那古野城から清洲城へ移り、那古野城へは叔父信光が入ったが、一一月（一〇月、弘治に改元）に信光が近習の坂井孫八郎に殺されたため、那古野城は信長の筆頭家老林通勝《みちかつ》（秀貞）に預けられた。

◆織田弾正《だんじょう》忠《のじょう》家略系図

- 織田信定《のぶさだ》
  - 信秀《のぶひで》（勝幡→古渡→末盛城）
    - 信広《のぶひろ》（庶兄・安城城）
    - 信長《のぶなが》（那古野・清洲・小牧・岐阜城）
      - 信忠《のぶただ》（二条新御所に滅ぶ）
      - 信雄《のぶかつ》（大和松山五万石）
      - 信孝《のぶたか》（野間で自害）
    - 信行《のぶゆき》（末盛城）
    - 長益《ながます》（有楽斎《うらくさい》）
    - お市
  - 信康《のぶやす》（犬山城）
  - 信光《のぶみつ》（守山城）

翌弘治《こうじ》二年（一五五六）は、信長にとって試練の年となった。まず四月に美濃の舅《しゅうと》斎藤道三《どうさん》が嫡子義龍《よしたつ》に急襲されて戦死、以後義龍は織田信安（岩倉城主）、織田信広（信長庶兄、居城不明）と通じ、信長に敵対した。こうしたなか、林通勝、通春兄弟と柴田勝家が信長の弟信行《のぶゆき》（末盛城主）を擁立する動きに出て、信長の直轄地篠木《しのぎ》三郷（現、春日井市）を押領した。信長は戦いに備え庄内川左岸の名《な》塚《づか》（名古屋市西区・庄内緑地の対岸）に砦を築き、八月、東に隣接する稲生《いのう》村で戦った。信長側は数の上で劣勢だったが、林通春を討ち取って勝利し、信行側は退いて末盛、那古野の城に籠もった。末盛城にいた信長の母は、信行、柴田勝家に付き添って清洲を訪れ、詫びを入れ許された。林通勝も以前の功が認められ許された。しかし信行はこの後も織田信安と通じるなど画策したため、家臣の柴田勝家からも見放され、清洲に誘《おび》き出され殺される。やがて義龍と通じた庶兄の信広も降伏し、岩倉城の守護代織田信安、信賢父子も浮野の戦いののち降伏して城を去り、城は破却されて（永禄二年・一五五九）、ここに念願の尾張統一が成った。

岩倉城跡

岩倉城は五条川西岸ぞいに位置し、文明八年（一四七六）頃織田敏広《としひろ》が築いたとされる。以後寛広《とおひろ》、広高《ひろたか》、信安《のぶやす》、信賢《のぶたか》が城主となり、尾張北部（上四郡）を支配したとされるが、史料が乏しく、必ずしも明確ではない。城は永禄二年（一五五九）に信長によって破却され、八〇年の短い歴史を閉じるが、その辺りの事情はこうだ。

永禄元年（一五五八）、信長は今の一宮市南東部「千秋《ちあき》町《ちょう》浮野《うきの》」辺に陣を構え、五月と七月の二度、岩倉方と交戦した。最初の合戦は『織田軍記』（『総見記』とも）に「（信長公は）二千余騎ニテ浮野表ニ陣ヲ取テ（岩倉）城ノ体ヲ御覧ジ、所々ヲ放火シ……」と見え、その後数度の小競り合いがあって、敵の首二七〇を取ったと記している。岩倉方では山内《やまのうち》猪之助《いのすけ》（～一五五九、盛豊、守護代織田信安の家老、一豊の父）が一隊を率い、織田方では森可成《よしなり》（一五二三～一五七〇、美濃金山《かなやま》城主、息子に長可《ながよし》、蘭丸、忠政らがいる）や柴田勝家（一五二二～八三、はじめ信行、のち信長に仕える。越前北庄《きたのしょう》城主）が戦ったとある。

二度目の合戦は太田《おおた》牛一《ぎゅういち》の『信長公記《のぶながこうき》』首巻に「浮野合戦」とあり、信長の軍三千余騎の出陣を伝えるが、『織田軍記』ではこのうち千騎を、北の犬山城（城主織田信清《のぶきよ》、信長の従弟）からの加勢としている。岩倉方は織田とほぼ互角の勢力だったが、信長が清洲帰城後に行った首実検では侍の首一二五〇を数えたと記されていて、信長側の大勝利といってよいだろう。岩倉方は、これ以後戦意を喪失したようだ。

信長は岩倉を攻めるのに、わざわざ北方の浮野へ遠回りしている。その理由を『信長公記』は「清洲と岩倉を結ぶ線上に、節所《せっしょ》（難所）があるため」としている。この難所とは、五条川であろう。五条川は岩倉城の東外堀に接するように南流し、六〇〇メートル先の南部中学校の南で矢戸川を併せ、流路を南西に変える。さらに名鉄犬山線と交《まじ》わる辺りでほぼ直角に曲がり北西に向きを変えるが、清洲から攻め上った場合、岩倉城の南に東西に横たわる五条川が格好の防衛ラインとなる。信長はこれを避け、北西側からの攻略をめざしたと思われる。

岩倉城落城は浮野合戦翌年の春で、二、三カ月の籠城の末とされるが、必ずしも明確ではない。城の四辺を囲まれ、城下町から侍屋敷まで焼かれて「裸城」にされたため、山内ら四家老は籠城兵の助命を願い、代わりに城を明け渡したという。信長の同意のもと、城主をはじめ思い思いに落ち行き、そして誰もいなくなった。城は破却され、ここに尾張一国は統一され、清洲城が唯一信長の居城となった（『織田軍記』）。

岩倉城は五条川右岸に築かれた城館で、周囲を二重の堀で囲んでいた。いま「織田伊勢守城址」碑が、下本町城跡の主郭跡に建てられている。碑は安政七年（一八六〇）に建てられ、当時の明細書に石碑から書の代金まで〆て三両一分二朱かかったとある（『岩倉市史』）。一両を一五万円と換算すれば、五〇万円近いが、今ならもっとかかるだろう。

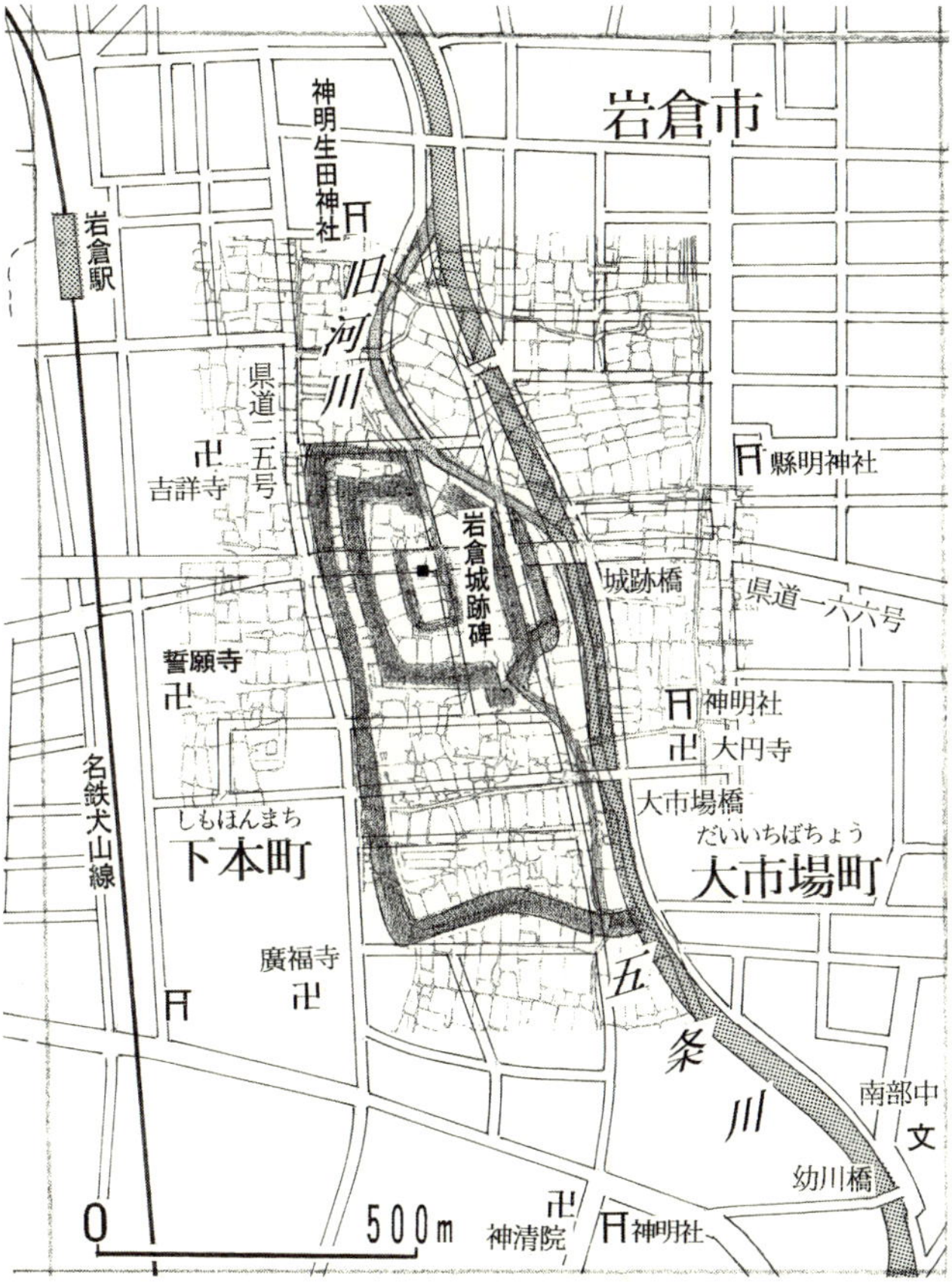

岩倉城跡周辺図　　地籍図に現況図を加えた。着色部は城郭。

碑の建つ一角は築山になっていて、碑以外の石造物も置かれ、詳しい説明版が設置されている。そこに城郭の推定復元図が描かれていて、主郭部は東西一一五メートル、南北一七五メートルの方形と推測され、南北に虎口《こぐち》（要所の出入口）を設けていたらしい。虎口の南側に方形の区画が幾つかあり、家臣団の屋敷地に想定されている。

岩倉城主だった織田信安と夫人の墓が、下本町の誓願寺にある。門をくぐると、正面の本堂左手に墓石が建つ。寺は信安夫人がその母「月静院」の菩提を弔うため知恩院の秀興を招いて建てたもので、夫妻の墓石には「松岳院殿大溪玉甫大居士」と「秋悦院太雲妙慶大姉」の戒名が刻まれているという（いまは判読不可）。もと名古屋の含笑寺《がんしょうじ》（曹洞宗）に建てられていたが、戦後墓は平和公園へ移された。昭和三九年に含笑寺から譲り請け、当寺へ移された。

◎岩倉城趾　愛知県岩倉市下本町《しもほんまち》城跡／交通　名鉄犬山線「岩倉駅」下車、東へ徒歩約一〇分（約三〇〇メートル）

山内一豊生誕地

一豊《かずとよ》の家系で史料的に確かめられるのは、祖父の久豊《ひさとよ》が丹波から尾張に移住したあたりからという。山内家を遠く藤原秀郷、或いは藤原鎌足に繋ぐ系図は信用するに足りない。尾張移住の理由もはっきりしないが、ともかく祖父久豊と父盛豊は尾張に入国し、やがて盛豊は岩倉城主織田信安に仕えて重用され、天文のはじめ頃には「黒田城（現、黒田小〈一宮市木曽川町黒田古城二六〉。木曽川駅西南）」を預けられたという。問題はその先で、盛豊の子の「一豊」が何処で生まれたのか、意見が分かれる。天文一四年（一五四五）「黒田御土居にてご誕生」（『一豊公御武功附御伝記』）をはじめ、「山内侯爵家系譜」などの家伝は黒田での誕生を述べ、幕末の『尾張名所図会』も黒田城での誕生を記す。

愛知県も大正六年、黒田小学校に建てた「黒田城址」の裏面に「山内一豊此ノ城ニ生ル」と記すが、尾張藩地誌の『張州府志』や『尾張志』は一豊の誕生地には触れないものの、山内家を「岩倉の人」として扱っている。これを根拠に岩倉市の地元では岩倉誕生説が盛んだが、加えて大正八年に下本町神明生田神社で「山内但馬守盛豊卿御家武運長久祈所」と記した棟札が発見され、天文二三年に盛豊が屋敷近くに生田神社の正殿造営を行ったと見て、現神社境内を山内一豊生誕地とする碑を建てた。このことが直ちに一豊の岩倉誕生説に及ぶとは思われないが、状況証拠としては有利に働くだろう。ただし盛豊が社殿を創建した場所は「小字丸之内」であり、岩倉落城後に「真光寺」へ移り、文化七年（一八一〇）に現在地へ移ったことが史料から確かめられ、仮に神明生田社近くが一豊の生誕地としても、現在碑が建つ場所ではない。（『木曽川町史』（昭和五六年）、『岩倉市史』（昭和六〇年））

織田信安と夫人の墓（下本町「誓願寺」）

織田伊勢守城跡碑（下本町）

下津《おりづ》城跡《じょう》

清洲城のほぼ真北五キロメートル、岩倉城の西方五キロメートルにある下津城は、五条川の支流青木川の右岸近くに築かれた。下津周辺は、どこまでも平坦な土地で、別に折戸《おりど》とも呼ばれ、平安末期か鎌倉はじめ頃に開かれた中世「鎌倉街道」の宿場町として栄えた。文献からは源行家《ゆきいえ》の軍（『源平盛衰記』）や北条時房の軍（『承久記』）、叡尊《えいそん》一行（『関東往還記』）、阿仏尼《あぶつに》（『十六夜日記』）のほか、足利尊氏の宿泊したことなどが知られる。こうした史料から、おそらく一三世紀半ばには「下津宿」が成立していたものと思われる。いま下津に残る寺院で天台宗円光寺（城跡の南八〇〇メートル）の仁王門が弘長二年（一二六二）の創建、真言宗萬徳寺（城跡の西一・二キロメートル、駅西）の再興が建長六年（一二五四）とされ、これらの年代とも符合する。

交通の要衝であった下津に守護所の置かれた年代ははっきりしない。一四〇〇年頃、尾張国守護の斯波義重と守護代の織田常松が在京し、又守護代の織田常竹が尾張に入国して下津を居城にしたと思われる。応仁の乱後、斯波義敏《よしとし》側が義廉《よしかど》側の織田敏広が守る下津城を攻めて攻略できず、一〇年後の一四七六年に織田敏定が攻めて、敏広を国府宮に追い、下津城を焼き払った。のち一五五〇年頃に太田清蔵なる人物がここを居城にしたとする書がある（『張州府志』『尾張志』）。

下津城の推定地は、国府宮《こうのみや》（名鉄国府宮駅の東）から二・五キロメートル東に位置し、尾張旧八郡のうち中島（一宮市）、丹羽（岩倉市）、春部《かすがべ》（北名古屋市／旧西春町）三郡の交点に近い。

城の本丸は下津小学校の南西の一角とその西の畑地と考えられ、学校前の県道脇に「下津城跡碑」が建つ。本丸の南には二の丸、三の丸があったとされている。小学校のすぐ東を流れる青木川は、下流一キロメートルの所で五条川に合流する。下津城は廃墟となって久しく、人々の記憶から忘れ去られ、発掘調査以外城の状況を知る手段はない。城跡碑の北の畑地にわずかに土塁跡らしき高まりが残るとされるが、その詳細は不明である。地元の人も知る人は少ない。

昭和五五年から五六年にかけ、下津小学校西を南北にはしる県道井ノ口、江南線の拡幅舗装工事にともなう事前調査が行われ、堀、土塁、井戸などの遺構と多量の土器、陶器類を検出している。調査の結果、遺物からは文献より半世紀早い一四世紀後半に居住開始（城とは限らない）がさかのぼれ

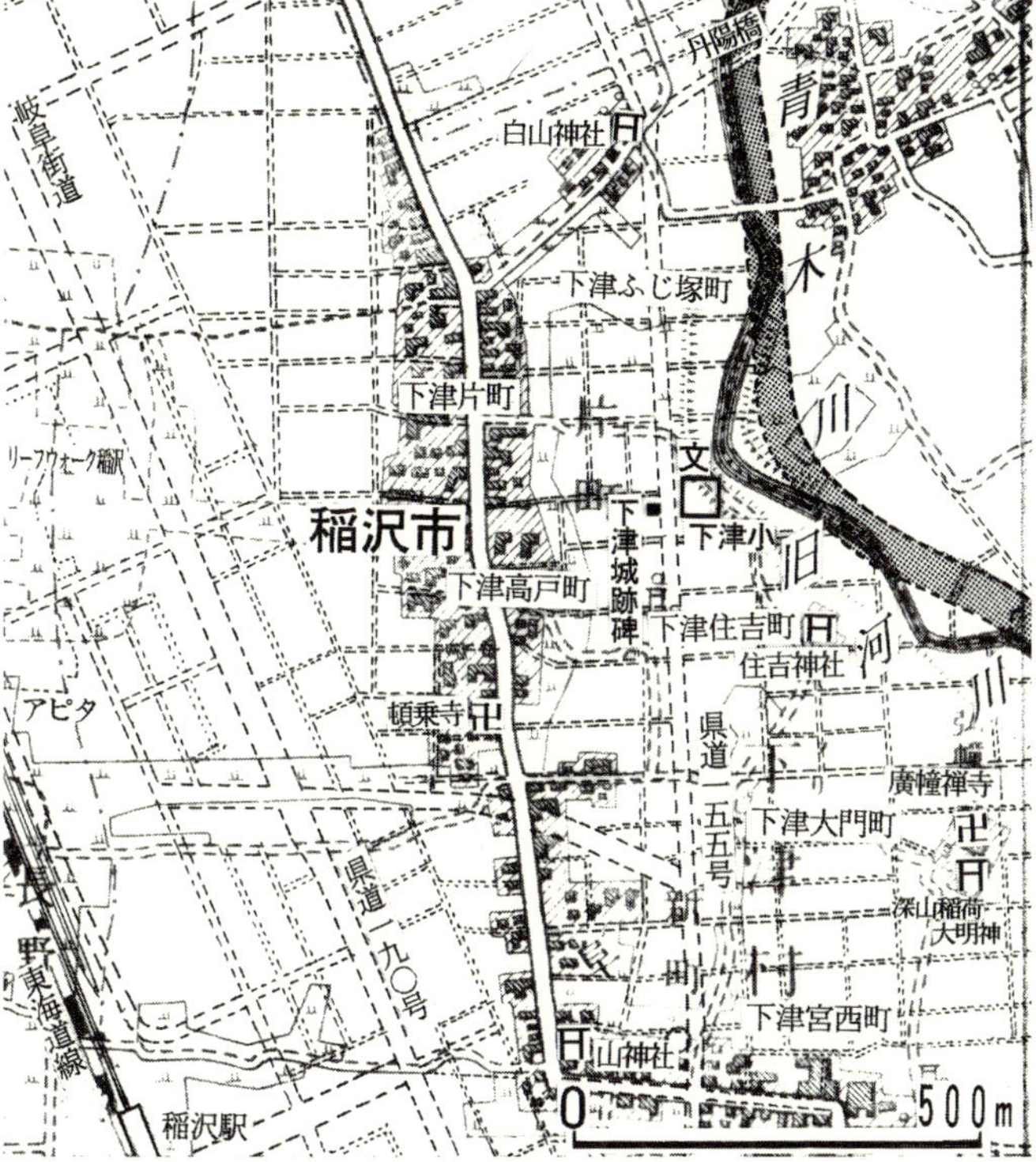

下津城跡周辺図　（明治26年地形図を基図とし、現況図を破線で記した）

県道155号沿いに建つ「下津城趾」碑

ること、文明八年（一四七六）の焼討ちの跡（焼土面や焼けた用材など）が見あたらないこと、太田清蔵が居城したとされる（『張州府志』中島郡古跡に「下津城、下津村に在り、太田清蔵此に居す、今田と為す」とある）一六世紀中頃の遺物が、数多くみられることが明らかにされた。焼け跡のないことは、のちの太田城建設の際に、整地されたことが考えられる（以上『新修稲沢市史』資料編・考古、昭和五九年を参考）。

このたち平成二二・二三年に愛知県埋文センターが下津城の南の「下津宿《おりづしゅく》」遺跡を調査し、「宿」に関する数多くの資料を検出したが、城に直接関わるものはない（『下津宿遺跡』県埋文報告書第一七五集・二〇一三年）。まだ周辺には畑地が多い。忘れ去られた下津城の実態を明らかにするために、今後の発掘調査をまちたい。

◎下津城趾　愛知県稲沢市下津高戸町／交通　JR東海道線「稲沢駅」下車　北東へ徒歩約三〇分（約一・五キロ）

清洲城跡

清洲の町を南北に通る美濃路の右手に清洲城跡がある。天守閣が東海道新幹線の車窓から間近に見えるため、再建された清洲城と勘違いする人もいるだろう。考証に基づいた再建ではなく、形を模した資料館である。京都方面から帰ると、まず五条川に架かる朱塗りの橋が目に飛び込んできて、その向こうにこの模擬天守（平成元年、旧清洲町の町制百周年記念として清洲地域文化広場内に建設）が、次にキリンビールの巨大な工場が見え、そのタイミングで車内アナウンスが「名古屋駅が近いから、降りる人は準備をせよ」と告げる。

『清洲町史』（昭和四四年）は数ある「市町村史」のなかでも、定評のある書だ。このなかで大参義一氏は「清洲城跡の遺構」を担当され、「現在本丸跡と考えられる部分が清洲公園として保存されているが、その中央は東海道本線および新幹線によって二分されている。その北側の部分の小丘上に、弘化年間の《右大臣織田信長公古城跡碑》および《清洲城墟碑》があり、その付近が天守台の址と想定され、また東側は現五条川によって削り取られたものと考えられている」と述べられている。さらに大参氏は、二つの公園を測量して、「北側の（公園の）石碑の建つ小丘は南まで続いており、本来一続きの天守台跡」と推定されている。南の清洲公園側の小丘とは、「信長と濃姫の銅像」が建つ小丘ではなく、奥の線路際の高まりである。

鉄道で二分された北側が「清洲古城跡公園」、南側が「清洲公園」で、東側は五条川に削られたうえ、五条川を渡った文化広場には「模擬天守閣」が造られ、清洲城の実体を余計にわかりにくくさせている。模擬天守閣もいつしか「模擬」が取れ、最近の案内には「歴史織りなす清洲城」と大きく天守閣の写真が紹介されている。

鉄道により二分される前の「天守台小丘」が、幕末の『尾張名所図会』（後編巻三）に描かれている。解説文に「尾張藩は当所の有力者林惣兵衛と櫛田源兵衛の二人に《城跡守り》を命じたが、当所の武田某が志を起こし、古城に残る石に《右大臣織田

右大臣織田信長公古城跡の碑
（清洲古城跡公園）

五条川に架かる橋と模擬天守閣

信長公古城跡》と刻し、また林某は伊勢の齋藤拙堂《さいとうせつどう》に銘文を請い、《清洲城墟碑》を建てた。旅人はいずれも杖を止め碑文を見て称賛した」とある。齋藤拙堂（一七九七～一八六五）とは伊勢国津藩の儒者、古賀精里《こがせいり》（一七五〇～一八一七）に学び洋学にも精通した人である。

◎清洲城跡　愛知県清須市一場／交通　名鉄名古屋本線「新清洲駅」下車、北へ徒歩約二〇分（約一・二キロ）

草創期の清洲城

清洲城とその城下町は、一五世紀のはじめから名古屋城に移る一七世紀はじめまで、およそ二〇〇年にわたり尾張の政治、経済の中心であった。

「きよす」の名は、『神鳳抄《じんぽうしょう》』（伊勢神宮の神領を書き上げた史料で、一四世紀中頃成立）の尾張国の項に「清須御厨《きよすのみくりや》」と出ているのが早い。「きよす」とは「清い砂地」といった意味だろうか。以後一四世紀の文書類では「清須」の表記が主流で、一五世紀になって「清洲」も散見されるようになり、江戸時代は「清洲」が圧倒する。明治二二年（一八八九）、清洲村は町制を敷き、以後町域を広げながら、名称は一貫して「清洲町」であった。平成一七年（二〇〇五）の合併時に市名が公募され、「洲と須」がともに候補に挙がったが、合併協議会で正式に「清須市」と決まった。しかし「清洲町」時代の字名や学校名はそのまま清洲を踏襲したから、ややこしい。城跡近くの小学校前を通ると「清須市立清洲小学校」の表札が出ている。今でも「きよす」を漢字で書くとき迷いがよぎるが、固有名詞以外はどちらでもよいらしい。「城」の場合も、『愛知県の歴史』（山川出版・一九七〇）は「清須城」とし、『清洲町史』（一九六九）は「清洲城」とする。本書は現「市名」と引用文以外、「清洲」に統一した。

その清洲に尾張国守護代となった織田氏が、城（砦）を築いた。成立時期ははっきりしないが、中世の歌僧正徹《しょうてつ》の旅行記『なぐさめ草』に、「旅の途黒田から下津《おりづ》へ、さらに清須へ移り数カ月を過ごした。そこは櫓や鹿垣などの防衛施設も整っていた」と描かれており、中村栄孝氏は断定を避けながら、一応の手掛かりとして応永二五年（一四一八）の実年代を示されている（『清洲町史』）。

応永一〇年（一四〇三）頃、守護斯波義重《しばよししげ》の守護代、又《また》守護代（守護代の代官）としてはじめて織田常松《じょうしょう》（伊勢守）が尾張に入国したとき、下津《おりづ》に守護所が設けられた。のちに守護家が分裂し、下津

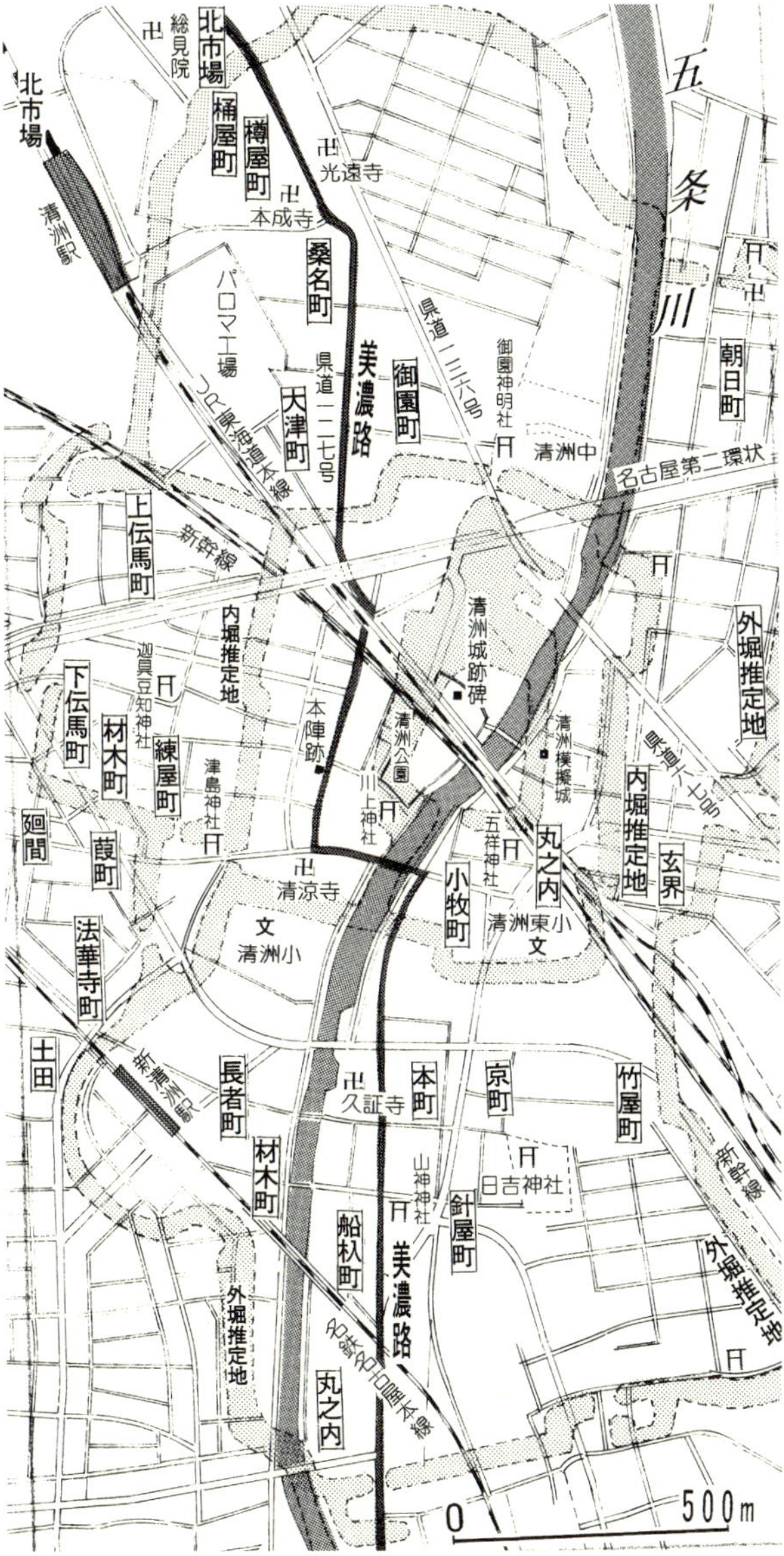

清洲城跡とその周辺図　（堀跡推定図と旧町名は『清洲町史』参照）

城は義敏《よしとし》側の守護代織田敏定《としさだ》によって焼かれ（文明八年・一四七六）、新たな守護所が清洲城に移される。文明一五年（一四八三）、清洲城に斯波義敏の子義良《よしすけ》（義寛《よしとお》）が入り、守護と守護代の住む城となった。このあと義敏の孫にあたる義達《よしみち》（義敦《よしあつ》とも、〜一五二一）が守護職を継ぎ（永正年間）、続いて子の義統《よしのり》（一五一三〜五四）が継いだが、天文二三年（一五五四）に守護代織田信友によって弑《しい》され、その信友も信光（信長の叔父）に討たれた。以後清洲城には信長が入るが、信長は義統の遺児義銀《よしかね》（一五四〇〜一六〇〇）を守護に擁立、その義銀は永禄四年（一五六一）三河の吉良と結んで信長に敵対したため、尾張から逐われた。これ以後清洲城は名実ともに信長の城となった。

主が替わる清洲城

信長自身は京をめざし、清洲から小牧（一五五八年）、岐阜（一五六二年）、近江安土（一五七六年）と居城を移していくが、その間も清洲城は尾張国の中心としての使命を失わなかった。安土築城の前年嫡子の信忠《のぶただ》（一五五七〜八二）に家督が譲られ、尾張・美濃国主、清洲城主とも信忠に移ったが、天正一〇年（一五八二）信長が明智光秀に京都本能寺で討たれたとき、信忠も近くの「二条新御所」で若い生涯を終えた。

このあと光秀を山崎に討った羽柴秀吉が主導して、清洲城に会議が開かれ、信忠の嫡子三法師《さんほうし》（のちの秀信《ひでのぶ》、晩年出家、一五八〇〜一六〇五）が後継とされた。信忠の弟信雄《のぶかつ》（北伊勢の北畠氏の後継）には尾張国が与えられ、清洲城主となった。三男の信孝《のぶたか》（北伊勢の神戸氏の後継）へは美濃国が与えられ、岐阜城で三法師の後見を務めることになったが、信孝はこの決定に不満で、柴田勝家、滝川一益《たきがわかずます》らと反秀吉の兵を挙げた。秀吉は直ちに信雄や丹羽長秀らと岐阜の鎮圧に当たり、降伏した信孝から三法師を取り上げて安土へ移した。さらに越前の柴田勝家、越中の佐々成政《さっさなりまさ》を討ち、長島の滝川一益を降伏させ、長島城を信雄に与えた。信雄はこの長島城を居城としたが、天正一三年（一五八五）の大地震で城はほとんど壊滅し、以後清洲城に拠ったと思われる。

天正一八年、秀吉の小田原征伐に織田信雄も従軍したが、その論功行賞で家康を関東へ、信雄には家康の旧領へ転封《てんぽう》を言い渡した。家康は受け入れたが信雄は従わなかった。秀吉は強硬手段に出て、わずか二万石を付し下野《しもつけ》の那須へ追放、清洲城主には甥（秀吉の姉日秀尼の子）の羽柴秀次《ひでつぐ》を任じた。しかし秀頼が生まれると次第に秀次を疎《うと》んじるようになり、ついに高野山に追いやって切腹を命じ、新たな清洲城主には子飼いの福島正則《まさのり》を据えた（文禄四年・一五九五）。

秀吉の死後慶長五年（一六〇〇）の関ヶ原の合戦で、福島正則は家康側に就《つ》いて功績があった。戦後正則は安芸を与えられ、尾張国は家康の四男松平忠吉《ただよし》が封じられた。しかし忠吉は慶長一二年病のため二八歳の若さで没する。家康は直ちに九男の義利（のち義直）を尾張国主とし、実務を老臣平岩親吉《ちかよし》に任せた。慶長一四年（一六〇九）、家康は義直を伴って清洲城入りし、このとき新たに名古屋城築城の青写真が描かれたのである。

名古屋城の築城開始は慶長一五年（一六一〇）だが、間もなく清洲から名古屋城下への引っ越しがはじまり、翌年には名古屋城下で最初の大火事が発生、新しい家屋一五〇〇戸が延焼したという。

名古屋への移転の際、「清洲城内のすべて、神社三、寺院百余、全部の町、五条橋にいたるまで、およそ城と城下町を構成していたもの、みな名古屋に移され、小塚、北市場にわずかに集落が残っただけで、当時の臼引歌《うすひきうた》に〈思いがけない名古屋ができて　花の清洲は野となろう〉とうたわれた」という（『清洲町史』）。文字通り「根こそぎ」の移動で、慶長一九年（一六一四）にはほぼ移転を終えたとされる（当初は「名古屋越し」、のち「清洲越し」という）。その年の八月、東日本に台風が襲来し、大雨と洪水に見舞われた清洲一帯は綺麗さっぱりと流され、新たに美濃路の「清洲宿」へと、文字通りゼロからの再出発となった。なお唯一清洲城の遺構として伝えられるのが名古屋城の「御深井丸《おふけまる》西北櫓《やぐら》」で、別に「清須櫓」とも称されている。

清洲城下めぐり

かつて繁栄を誇った城下町は、その面影をほとんど留めていない。その意味では下津や岩倉に似る。とくに清洲の場合は、名古屋城下へすべて引っ越したため、寺院はおろか町の名まで持っていかれた。町の名とともに引っ越した連中はよいが、後に残された人は言い知れぬ寂しさを味わっただろう。比較のため清洲の旧い町名を挙げてみよう（25ページ地図参照）。

名鉄の新清洲駅を東へ出たところが「長者町」で、五条川に沿って南へ「材木町」「船杁町《ふないりちょう》」と続く。五条川を長者橋で渡った対岸が「本町」、そこから県道六七号を越えると「京町」、そして「針屋町」と「竹屋町」、県道を清洲城方面へ北上すると「小牧町」と「丸之内」、JRを東に越えると「玄界」である。

「五条橋」は橋と一緒に欄干の擬宝珠まで持って行かれたが、橋の名はいまも清洲公園（本丸跡）の南に残る（『尾張名所図会』は五条橋の由来を「御城橋」とする）。橋を西に渡ると時の鐘の「清涼寺」があり、その前が丁字路の「札の辻」、直進すれば郊外の「廻間村《はざま》」へ、右折すれば美濃路清洲宿の中心「神明」と「上畠《うわはた》」、本陣「林家」の前を北へ進むと宿場の北限「伊勢町」に至り、道なりにJR東海道新幹線と東海道線のガード下、つづいて名古屋第二環状の下をくぐると、美濃路はまっすぐ「大津町」から「桑名町」を通り、枡形にぶつかる。枡形を左へとれば「鍛冶屋町」「樽屋町」「桶屋町」を通ってJR清洲駅へ、右は美濃路のままで六角堂へ向かう。以下、旧町に残る史跡を、いくつか歩いてみよう。

清涼寺（清須市神明町）

右手に清洲城跡を見て五条橋を西へ渡ると、美濃路は直角に北へ折れる。その角にむかし高札場が置かれていて、その前が清《せい》涼《りょう》寺《じ》である。清涼寺はその名の通り、いつ訪れても手入れが行き届いていて清々しい。

曹洞宗洪福山《こうふくざん》清涼寺は、小牧市三淵《みつぶち》の正眼寺《しょうげんじ》末で、以前土田《つちだ》村に在ったが、清洲宿の高札場南に移された。本尊の聖観音像は伊勢の白子観音を写したので、別に「子安《こやす》観音」ともいう。山門は、二階に時の鐘が掛けられ、鐘楼門になっている。案内によると、今の山門は大正三年の改築で、地元文化人により奉納された二五枚の絵馬が天井に嵌められているそうだ。梵鐘は設置時のものが、そのまま残されている。製作は名古屋鍋屋町の水野家六代目太郎左衛門である。

『鸚鵡籠中記』正徳二年七月六日に、次の記事が載る（鳴海宿

洪福山清涼寺（札の辻前）

五条橋から「清洲公園」を望む

「如意寺の時の鐘」に一部重複)。

○去年、関東の令によりて海道の諸駅時のかねを置き、辰《とき》を守らす。あるいは撃柝にて時を告ぐ。清須は去るころ清涼寺に鐘出来《しゅったい》す。銘は柴山百助。清須の御代官なり。

柴山百助は朝日文左衛門の母方の従弟の子にあたり、代官として清涼寺の鐘銘を撰したが、その翌年に亡くなっている。文左衛門との関係から推すと、ずいぶん若死である。『尾張名所図会』には、「近頃(幕末頃)は鐘を撞くのを中絶したが、鐘は今も当寺に存在する」とある。ほぼ同時に鋳られた鳴海如意寺の鐘は、経費節減のお達しがあって知多の寺へ売却された。

本陣跡 (清須市神明町)

神明町から伊勢町にかけて、清洲宿の中心にあたる。江戸時代はじめの五〇年間は、一キロメートル北の桑名町に宿が置かれていたが、火災があって寛文八年(一六六八)ここへ移された。本陣主屋は明治二四年(一八九一)の濃尾大地震で倒れ、いまは門だけが残されている。

本陣を務めた林家は薬の製造販売を行っていて、『尾張名所図会』に「家伝夢想丸《むそうがん》」が紹介されている。小児の五疳《ごかん》(肝・肺・心・脾・腎の病)、驚風《きょうふう》(小児のひきつけ)、はやて(疫痢)などに効く妙薬として有名だったらしい。林家は代々惣兵衛を名乗り清洲に居住していたが、宿が移された寛文八年に本陣役を引き受け今に続いている、とある。いま本陣跡の隣にレトロな洋館の林医院があり、医薬の方も江戸時代から連綿と続いたらしい。

本陣跡から北へ伊勢町を過ぎると、宿場から外れる。東海道新幹線、東海道本線の順にガード下をくぐり、さらに環状自動車道の下を過ぎるとかつての大津町に出る。その先が最初に宿の置かれた桑名町で、やがて枡形へ突き当たる。左へ曲るとＪＲの清洲駅が近い。枡形から北は鍛冶屋町になり、ここに総見院がある。

興聖山総見院（清須市大嶋一丁目）

臨済宗の京都妙心寺末。伊勢国の安国寺が戦乱で焼失したあと、清洲城主織田信雄が父信長の菩提寺とするため安国寺を引取り、伊勢国桑名郡大島に妙心寺の瑞恕忠《ちゅう》嶽《がく》和尚を招いて総見寺（信長の法名「総見院泰巌安公」に因む）を開いた。しかし天正一三年（一五八五）に地震で倒壊したため、清洲の地へ移したが、さらに清洲越しで名古屋の大須へ移されたため、その後は廃墟になっていた。

移転先の名古屋総見寺では、三世閩山《みんざん》和尚のとき方丈が火事になった。和尚は燃え盛る室内に座禅を組み動かなかった。やがて大雨が降って猛火は忽ち消えたという。藩主義直は貨財を寄せ正保元年（一六四四）に再建が成った。閩山和尚はこれを機に京都へ退隠することを願い出たが、義直は許さず、清洲の総見寺跡に隠居所の「総見院」を建て、閩山を開山とした。このとき嫡子光友の筆による「興聖山」の山号扁額を与えられた。境内には信長、義直、閩山の墓碑が建つ。寺宝として藤原中

清洲宿本陣跡の門と林医院（本陣林家）

総見院

期の木像観音菩薩立像や信長公画像、信長公の焼け兜と称するものがある。信長が本能寺で襲われたとき着けていた兜だという。解説書に伝承の経緯がはっきり示されており、信用して良さそうだ（『きよす　歴史・散策』ほか参考）。

総見院から美濃路は北西方向にまっすぐ延び、ここを六〇〇メートル余進むと長光寺六角堂に至る。

興化《こうげ》山長光寺の六角堂（稲沢市六角堂東町三丁目）

応保元年（一一六一）尾張守平頼盛が病気になったとき、路傍のお地蔵さんの霊験により平癒した。そのお礼に法隆寺の大工を派遣して「六角堂」を建て、地蔵尊を堂内に安置したと伝える。のち足利尊氏が寺領を寄進して、自らの祈願所とした。さらに山門、多宝塔、観音堂を寄進し、長光寺寛《かん》林院《りんいん》と称された。その後明応八年（一四九九）臨済宗に改められ、現在の寺号になったという。

六角堂の創建は鎌倉時代にさかのぼるとされるが、いまのお堂は永正七年（一五一〇）に京都の名匠によって建てられたもので、こうした多角形の円堂が地方に遺《のこ》る例は少ない。唐様によって統一され、屋根は宝形づくり、銅板葺きである。その反り返った大きな屋根を、細身の胴が支えきれず、その周囲を吹き放しの柱列が廻る形である。とにかく面白い。

六角堂に安置されている「鋳《ちゅう》鉄《てつ》地蔵菩薩立像」は、国家に異変があるときは、全身から汗を吹き出して変事を知らせるという。この像は熱田大宮司藤原俊光の請いにより鎌倉の名工が文暦二年（一二三五）に五度の鋳込みで完成したもので、総高二二一センチ、像高一五九センチ、光背も完備している。昭和三五年に重要文化財に指定された。

ここを訪れたとき、堂上で女性と子どもが濡れ縁の拭き掃除をしていた。辺りをうろうろしていると、それと察したのか「上がって御覧になってください」と声をかけられた。お堂は滅多に開けないそうで、偶々《たまたま》明日「講」があるから掃除しているのだという。「伊勢湾台風のときはお地蔵さんが汗をかいたが、東日本大震災のときは汗を見なかった」、そんな話を聞きながら、随分長い時間、間近で拝観することができ有難かった。汗は見えなかったから、しばらく変事はなさそうである。もっとも汗というのは、金属の表面にできる結露のことで、気温と湿気の異常が関係するのだろう。

寺の入口に大きな道標が建っている。「左京都道」「右ぎふ道」とあり、文政二年（一八一九）の建立である。もとはこの少し先の四ツ家追分にあって、美濃路と岐阜街道の分岐を示す標識だったが、道路の整備にともなって、長光寺門前に移されたのだという。清洲歩きはここまでとする。

長光寺入口に建つ道標

長光寺の六角堂

二　名古屋城の築城と碁盤割の城下町

真北（しんぽく・まきた）からズレた町割り

われわれが使う地図は一般に北を上にして描かれているし、道順を教える図を描くときも、無意識のうちに上を北にする。国土地理院発行の地形図は、左右の図郭線が経《けい》線にあたり、地球の真北を指している。同様に上下の図枠は緯《い》線で、これに平行な道路は真の東西線である。しかし「名古屋北部」図幅《ずふく》に載る名古屋城下の碁盤割は、東西道が少し左肩下がりになっている。市販の都市図や道路マップは、この「地形図」を下敷きにしており、どれを見てもみな左肩下がりである。

この地形図は、ユニバーサル横メルカトル図法（UTM図法）で描かれている。△△図法と聞くと、高校の地理の授業を思い出して頭が痛くなるが、要するに球面を平面として描くための、様々な工夫のひとつである。

UTM図法は、中縮尺《ちゅうしゅくしゃく》（二万分の一以上が大縮尺、一〇万分の一以下が小縮尺）の地形図に採用される。譬《たと》えるなら、スイカに見立てた地球の南北両端（緯度八〇度以上）を切り落として据《す》わりをよくし、タテ方向に六度幅で六〇片に切り分けるイメージである。切りはじめはミッドウェー付近の日付変更線（一八〇度の経線）で、そこから東回りに六度ずつスイカ片を切り分けていく。三〇片目のグリニッジ天文台を通るタテ線で西経分はゼロとなり、今度は東経が六度ずつ増えはじめる。東経一三七

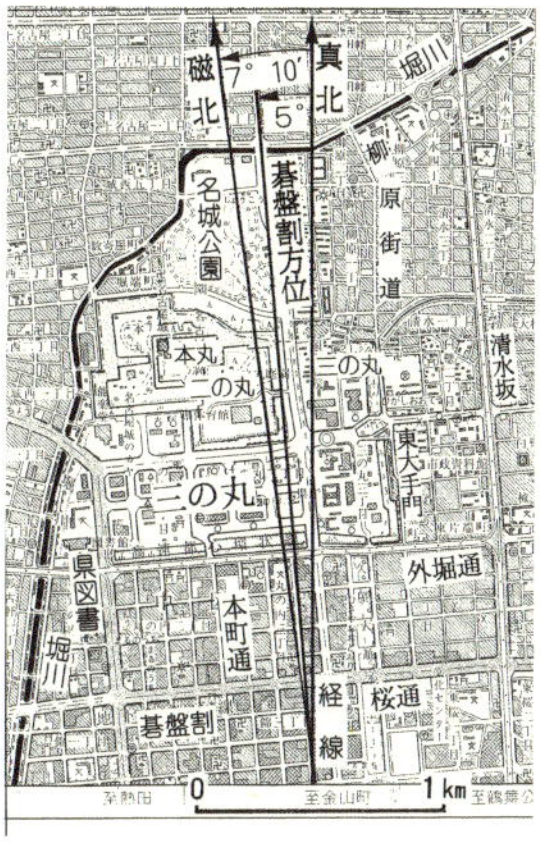

碁盤割の方位（国土地理院地形図使用）

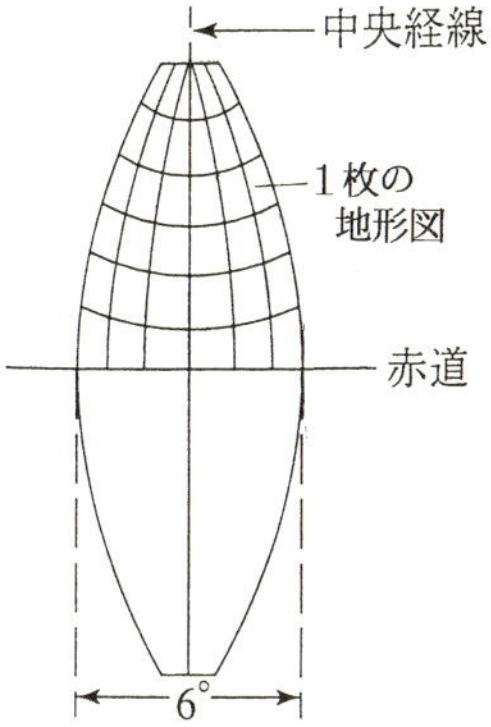

ユニバーサル横メルカトル図法

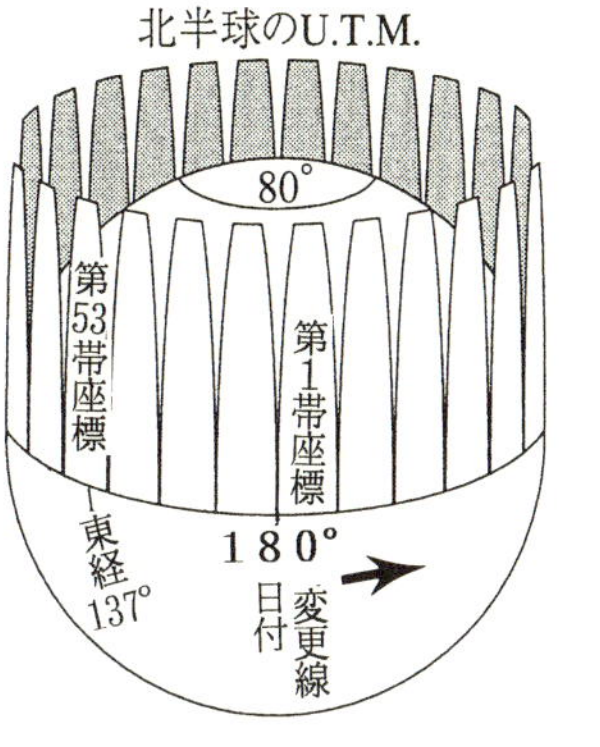

（真塩・種田、1975年作成図を一部改変）

度線が通る名古屋は、最後のほうの五三番目（一三二～一三八度）の切片に乗っかるが、実際われわれが手にする地形図は、この切片をさらに細分化したものである。以下、手もとの地形図で確認してみよう。

二万五千分の一「名古屋北部」地形図の、枠外余白には「ユニバーサル横メルカトル図法」とあり、「座標帯は第五三帯」と注記されている。一見真四角《ましかく》な地図に見えるが実は台形（不定四辺形）で、北半球では上辺がわずかに短い。物差しを当ててもなかなかわからないが、余白部分に載る「行政区画図」には、下辺の四五・五五センチに対し、上辺は四五・五〇センチとあり、上辺が〇・五ミリほど短い（左右辺はともに三六・九八センチ）。北へ向かって同じように地形図枠を繰り返し作っていくと、緯度が上がるにつれ上下とも僅かずつ幅を減じ、最北端では極細《ごくぼそ》の三角形となり、見た目は髪の毛に似るだろう。髪の毛の先端が北極点になる。北緯八〇度以上はカットされるし、高緯度では別な基準で図枠を作るから、実際にこういう地図は有り得ないが、理屈の上ではそうなる。極細三角形の先端を通る地球軸のはるか彼方《かなた》に「北極星」

が輝き、むかしから北半球に住む人たちはこの北極星を観測して、真北《しんぼく》を求めた（北極星の位置は真の北極から一度一四分ズレるが、利用上問題ない）。

次に「名古屋北部」の地形図を使って、名古屋城下の碁盤割を確かめてみる。地形図のタテ枠は真北を指すが、分度器で測ると名古屋の街の碁盤割は、真北から五度ほど西に偏している。一度程度ならともかく五度となると、星を観測したときの誤差とも思われない。では碁盤割の南北が、真の南北に一致しない理由は何だろう。磁北を用いたためだろうか。

磁石による方位

方位磁石を使って、およその「北」を知ることはできる。ただし磁針のN極を示す方向が真北と思うのは間違いで、日本では四度（沖縄）から九度（北海道）西に偏《かたよ》った方位を指す。名古屋近傍の地形図には、「磁針方位は、西偏約七度一〇分」と明記されている。このズレは意外に大きく、一キロ北進すると西へ約一二〇メートルかたよる。地図と磁石が頼りの山歩きでは心配になるが、解説書には「通常の登山では（方角が）度単位《どたんい》で合っていればほとんど心配ない」と書かれている。たとえそうだとしても、針が真北から常に西に振れていることは、知っておいた方がよい。

磁針のN極が指す方向は年々移動していて、地質時代には磁北極と磁南極が逆転していたというから驚く。いまは北緯七八度、西経七二度のグリーンランド北西端にあるらしい。この年々動くというのが、厄介であると同時に便利で、「過去二五〇〇年間の地磁気永年変化表」（『考古学と年代測定学・地球科学』）で調べると、幕末には偏角がゼロに近づき、江戸初期には逆に一〇度ほど東に偏っていた。築城と城下町の形成は江戸初期だから、もし磁石を使って南北を定めたとすれば、西に五度どころか東に偏していなければならない。

名古屋のまちの基準線

観測時の誤差でなく、磁石による偏りでもないとすると、抑々《そもそも》名古屋城下町の建設は、真北を前提としていなかったことになる。歴史地理学者の水野時二氏（二〇一四年一〇〇歳で逝去）も、名古屋城下町の基準線が五度偏していることに注目し、つぎのように述べられている。

○名古屋の城下町がつくられるとき、まず城の選地が優先され、むかしの城「柳の丸」の跡地が選ばれた。旧城は台地崖の走向を意識して造られており、これを二の丸に取り込んで、その西辺に本丸を置いたため、本丸は旧城の遺構（塁、濠など）をそのまま利用することになり、結果、城の方位や関連する町割方位に決定的な影響を与えた。磁石の方位測定を実用化したのは伊能忠敬とされるが、彼も夜間に星の観測で補正を行っていた。江戸初期の名古屋城築城段階で、磁石の実用化は難しかったのである。（「名古屋城下町の方格式町割」『人文地理』一六の二号）

五度という偏角からみて磁石の使用は考えにくく、水野氏の「崖地形や中世の柳の丸」との関係の方が脈はありそうで、「台地北端の崖のラインが影響した」というのが、いちばんわかりやすい。しかし、わかりやすいから正解とは限らないし、柳の丸時代の城の図面が残っているわけでもない。そこでまず「那古野城」と「柳の丸」の関係から検討してみよう。近年官庁街の「三の丸」地内で、ビルを建てる際の事前発掘調査が行われ、ある程度資料も得られている。

那古野城

地下鉄市役所駅で降り、東門（東《ひがし》鉄《くろがね》門《もん》）の方から名古屋城内に入ると、右手に「二の丸庭園」があり、その一角に「那古野《なごや》城《じょう》跡《あと》」の石碑が立つ。那古野は名古屋、名護屋とも書き、読みは今も昔もすべて「なごや」だが、堀川に架かる中橋あたりに西区と中村区に跨《またが》る「那古野一・二丁目」があり（四《し》間《け》道《みち》あたり）、これだけは「なごの」と読ませる。

名古屋城二の丸にあったという古い「那古野城」は、別に「柳の丸」の名で知られ、江戸時代の地誌『張《ちょう》州《しゅう》府《ふ》志《し》』は、「今川氏豊《うじとよ》、名古屋城を築きこれに居《きょ》す。名づけて柳《やなのぎ》丸《まる》という。いま金《きん》城《じょう》の二の丸の地これなり」とある。表記が紛らわしいので、以下旧城は「那古野城」、新城は「名古屋城」と表記し、読みは共に「なごやじょう」とする。

旧版『名古屋市史』を見ると、「大永年間の初め頃（大永元年は一五二一年）、今川氏豊は那古野荘（今、名古屋城の郭内）に城を築いて柳之丸と称し、清洲の斯波《しば》氏に対する拠点にした。今川氏の尾張領有はここに始まる」（政治編）、「今川氏が名古屋に城を築き、これを柳の丸、那古野城と呼んでいる」（地理編）と述べ、「柳の丸」と「那古野城」を同じものとして扱っている。○○丸という呼称は城郭全体を指す場合もあれば、犬山城の松の丸、杉の丸、桐の丸のように、城郭内の区分に用いる場合もある。

名古屋城の百科事典として知られる『金《きん》城《じょう》温《おん》古《こ》録《ろく》』に「柳の丸というのは、もともと〈本丸の下にある附《つけ》の丸〉に過ぎないのだが、織田信秀が今川氏豊に那古野城〈柳の丸〉に招かれ、計略によって那古野城を奪った話が有名になり、城の全体を柳の丸と呼ぶようになった」と述べ、本来は「城の一部の呼称」だったとしている。有名な「信秀の那古野城奪取」の話を、『名古屋合戦記』から引いておく（口語訳）。

「信秀那古野の城中に矢狭間を切り開く図」　『尾張名所図会』巻1

○享《きょう》禄《ろく》五年（一五三二、七月天文改元）の春、織田信秀《のぶひで》（信長の父）は茶湯《ちゃのゆ》・連歌《れんが》の催しに招かれ、城内の柳の丸に数日滞在するうち、本丸が望める位置に勝手に窓を切り開いた。怪しんだ今川の家人《けにん》が氏豊《うじとよ》に告げると「信秀殿は風流な御仁《ごじん》ゆえ、大木に覆われた狭い柳ノ丸に風を呼び込もうとして、窓を開けられたのだろう」と、一向に取り合わない。そうこうしているうちに信秀が大病を発したというので、清洲や勝幡《しょばた》から親類縁者が駆けつけ、夜に入ると城外の若宮社・天王社より火を発し、柳ノ丸も火を放たれて、武装した勝幡の兵が一気に本丸へ攻め寄せた。今川の家人らが多く討たれるなか氏豊は騒ぎに紛れて脱出し、京都へ落ち延びた。ここに信秀の計略は見事成功し、名古屋城を奪いとった。

この史料が有名なのは、つづいて「天文《てんぶん》三年（一五三四）ノ正月、信長此城《このしろ》ニ誕生アル」と記されているためで、これが「信長は名古屋城に生まれた」という説の根拠になった。しかし現在は『言継《ときつぐ》卿《きょう》記《き》』（山科言継著）やその他の史料から、勝幡《しょばた》城《じょう》誕生説をとる。

『金城温古録』は別な個所で「柳の丸は那古野城本丸の帯曲輪《おびぐるわ》のような場所で、古城一般の呼称ではない」と言い切っている。城の一曲輪の名前だったとして、「柳」が何に由来するかというと、「名古屋古城の昔より、楊柳《ようりゅう》（柳の総称）多かりしゆえ」とある。名古屋城を「金城」や「蓬左《ほうさ》城」と称することはよく知られているが、「楊柳城」「柳が城」ともいったらしい。

『尾張名陽図会《めいようずえ》』に「柳原《やなぎはら》」の地名起源が述べられていて、「古老が伝えて云うには、城の北崖の下は大河の跡で柳が多く、柳原と呼ばれ、古城の柳之丸の名もここに起因する」とある。名古屋の地理書『金鱗九十九之塵《こんりんつくものちり》』（巻四十八）も「一説に曰く」と同じ内容を記述し、その大河が猿投山《さなげやま》から流れ出ていたこと、御深井丸《おふけまる》は川の深淵だったこと、いまは柳の木が見当たらないこと、などを付け加えている。

いま名鉄瀬戸線の東大手駅で降り、明和高等学校西側の枳殻坂《きこくざか》を下り切ったあたりが「柳原」で、一丁目から四丁目までである。幼いときから筆者の生地は「柳原町の土居下《どいした》」と繰り返し聞かされた。「土居下で云々」というと、まるで拾われて来たように聞こえるが、そうではない。いまでも柳原、土居下は「懐かしい町名、地名」である。

那古野城その後

織田信秀の那古野《なごや》城《じょう》攻略は、『名古屋合戦記』が記す天文元年（一五三二）より数年遅れるらしい。

新井喜久夫氏（南山大学名誉教授）は、那古野城近くにあった天王社や若宮八幡社の焼亡、再建の社伝を手がかりに、天文七年（一五三八）頃まで下げられている（『織田信長事典』）。信秀は獲得した那古野城を信長に与え、自らは古渡《ふるわたり》に新城を築いて移った。

信秀の没後、信長が勝幡《しょばた》の織田家を継ぐ。信秀の没年には異説があるが、ここでは『信長公記《しんちょうこうき》』の記す天文二〇年（一五五一）説をとっておく。信長は天文二四年、守山城の叔父信光《のぶみつ》と組んで清洲の守護代織田信友《のぶとも》を滅ぼし、那古野城から清洲城へ移った。那古野城は信光が貰い受けたが、同年の弘治《こうじ》改元後家臣に暗殺されたため、家老筆頭で信長の傅役《もりやく》でもあった林秀貞《ひでさだ》（通勝）に守らせた。しかし秀貞は、信長よりも信勝《のぶかつ》（信長の実弟、末盛城主、信行とも）が後継者に相応《ふさわ》しいとして、弟通春《みちはる》や信勝の家老柴田勝家らと反旗を翻し、信長の名塚砦《なづか》を攻めた（稲生原《いのうはら》の戦い、弘治二年）。しかし通春は討ち取られ、敗北に終わる。信長は生母土田《つちだ》氏（「どた」とも、清洲町土田《つちだ》出身）の願いを容れて信勝を許し、末盛（末森とも）城も安堵《あんど》した。しかし信勝は再度陰謀を企てたらしく、翌年清洲に誘い出され殺されている。

一方許された林秀貞、柴田勝家は、家老職のまま据え置かれた。この寛大さは後の信長像からは想像しにくい。許されはしたものの、秀貞はその後の史料にはほとんど登場せず、那古野城に居つづけたかどうかさえわからない（城戸久『名古屋城史』）。そのため「那古野城は廃城になった」とする見解もある（服部鉦太郎『名古屋城年誌』）。

時は流れ天正八年（一五八〇）、佐久間信盛《のぶもり》父子の高野山追放の際、突如林秀貞も追放に処せられた。膨《ふく》れあがった信長家臣団再編の動きのなかで、二四年前の恨みが蒸し返されたのかもしれない。こうした事情もあり、一六世紀後半の那古野城がどれだけ機能したか、不明である。

名古屋城の建設

この那古野城が、家康の手で再びよみがえる。関ヶ原（一六〇〇年）から大坂の役（一六一四、五年）までの一五年間、大坂と関東の対立は日増しに先鋭化し、両者の中間に位置する名古屋の重要性は増した。その最中《さなか》の慶長一二年（一六〇七）、清洲城主の松平忠吉《ただよし》（家康四男）が二八歳の若さで病死、数え年八歳の義直（家康九男、当時は義利、改名は寛永三年）が甲府から移封《いほう》された。幼い新城主は駿府の大御所家康の膝下《しっか》にあり、清洲へ赴いたのは執政の平岩親吉《ちかよし》（一二万三千石、犬山城主）であった。慶長一三年、義直は将軍秀忠から「尾張国一円領知状」を与えられ、翌一四年、家康に伴われてはじめてのお国入りを果たした。このとき家康は清洲の城に七日間滞在し、名古屋台地北端の那古野古城跡をつぶさに見聞した。理由はこうだ。

大坂方との戦いが噂されるなか、万一の備えとして清洲城を大修築する計画があったが、義直の家臣山下氏勝《うじかつ》は清洲城の立地の悪さを指摘、新城建設の必要性を執政平岩親吉に進言したという。親吉が家康に取り次ぎ、慶長一四年（一六〇九）、その是非を決める視察が実現したが、『金城温古録』はその間の事情を次のように記している（口語訳）。

○清洲はしばしば洪水に見舞われ、戦の際には城が水攻めされる恐れがある。このことを山下氏勝は指摘し、平岩親吉とも協議して、名古屋、小牧、古渡の三古城を遷府の候補地とし、家康に進言した。実はこれまでに氏勝は何度も平岩親吉に言上《ごんじょう》したが、なぜか取り上げられず、しびれを切らした彼は、妻が義直の生母相応院《そうおういん》（山城国八幡の祠官志水宗清の娘・かめ。竹腰正信の母）の妹だったので、その伝手《つて》を通じ家康の耳に入れたのである。

さらに『金城温古録』は、次のような話を紹介する。

○築城に先だち家康は最適の地を諸臣に尋ねた。古《ふる》渡《わたり》を推す声が多いなか、本多正信は名古屋の地を良しとした。これを聞いた家康は、「古渡は日本の半分から攻められても防げるだろうが、名古屋なら日本中から攻められても陥落しない」と評した。

この場合の名古屋は、今川氏の築いた那古野古城の跡地を指す。清洲滞在の一週間で那古野城の跡をつぶさに検分し、すでに家康の頭には、名古屋台地の北崖を利用する基本計画が描かれていた。視察を終えた後の家康の行動は驚くほど迅速で、これから四年後には天守閣が完成している。視察の翌年正月に「築城の縄張」、二月に「普請（築城）奉行任命」（『尾藩世記』）という段取りで進んだらしい。この時代は、やることがすべてに早い。

つづく閏《うるう》二月から前田利光、加藤清正、黒田長政、田中忠政、細川忠興、福島正則ら二〇名の西国大名が動員され普請に取りかかったが、築城総大将の加藤清正は半年後の八月末には天守石垣普請を完了し、熊本へ帰国している（翌年没）。すべての石垣普請も一二月には終わり、気の早い町人たちは清洲から引っ越して来た（清洲越し）。その証拠に翌慶長一六年（一六一一）の正月、早くも城下は初めての大火に見舞われ、新造町屋の類焼は一五〇戸に及んだという（『尾藩世記』）。何とも勿体《もったい》ない話だ。

石垣完成直後から本丸城郭、御殿に必要な材木が木曽山から運ばれ、大工棟梁中井大和守正清《まさきよ》の屋敷隣り（現在の那古野神社南、京町筋に南面する地）に集積され、木挽《きびき》が行われた。のちに、この中井の屋敷地（間口三五間）を清洲越しの富商岡田次右衛門が一五〇両で買取った。「野水《やすい》」の号で知られた芭蕉後援者の家だ。

慶長一七年のはじめ、作事奉行の小堀遠江守政一の指揮で城郭と御殿の組立てが始まり、年末に早くも天守閣が完成した。本丸御殿の工事も引き続き行われ、こちらは二年半をかけ、慶長二〇年（一六一五年）二月に完成、四月になって義直と春姫の婚儀が行われた。一方、堀川の開削については工事着工時期がはっきりしないが、福島正則の担当で慶長一六年六月頃に完成したとされる。

城下の検地と町割も併行して行われ、慶長一八年（一六一三）に武士、町人の住居割りが定まった。大坂夏の陣が終わり、義直が名古屋に凱旋した慶長二〇年七月に元和《げんな》と改元、翌二年の四月、大御所家康は駿府に没した。やがて元和六年に「二の丸御殿」が完成、義直夫妻は本丸御殿から移り住み、ここが新たな藩主の居館となり、〈御城《おしろ》〉と呼ばれた。なお築城工事では、縄張にはじまり堀の開削、石垣建設の土台づくりまでを〈普請《ふしん》〉、その後の建物づくりを〈作事《さくじ》〉と呼んで区別する。

城の外郭にあたる三の丸（約一六万坪）については、なぜか竣工・完成期日とも詳《つまび》らかでない。『金城温古録』も、「三の丸御普請は慶長一六年（一六一一）頃の趣き」と記すのみだが、土居下《どいした》衆の子孫岡本柳英《りゅうえい》氏は、「本丸・二の丸の普請が終り、作事に取り掛かった慶長一七年の正月頃着工と考えるのが妥当」とされている。慶長一九年の七月、飛騨高山城主の金森可重《かなもりよししげ》が担当した「三の丸の濠と土居の工事」は完了、その四ケ月後に、大坂冬の陣が始まっている。当初の計画では土居の上に高塀などを巡らす予定だったが、外郭の壕と土居の完成をもって名古屋城の防衛体制は整ったと判断し大坂方と戦端を開く決意をした、という（『名古屋城三の丸・御土居下考説』）。

重なり合った新旧の城

かつての那古野城の故地に新名古屋城が建設されたわけだが、新旧の城が、どのような位置関係

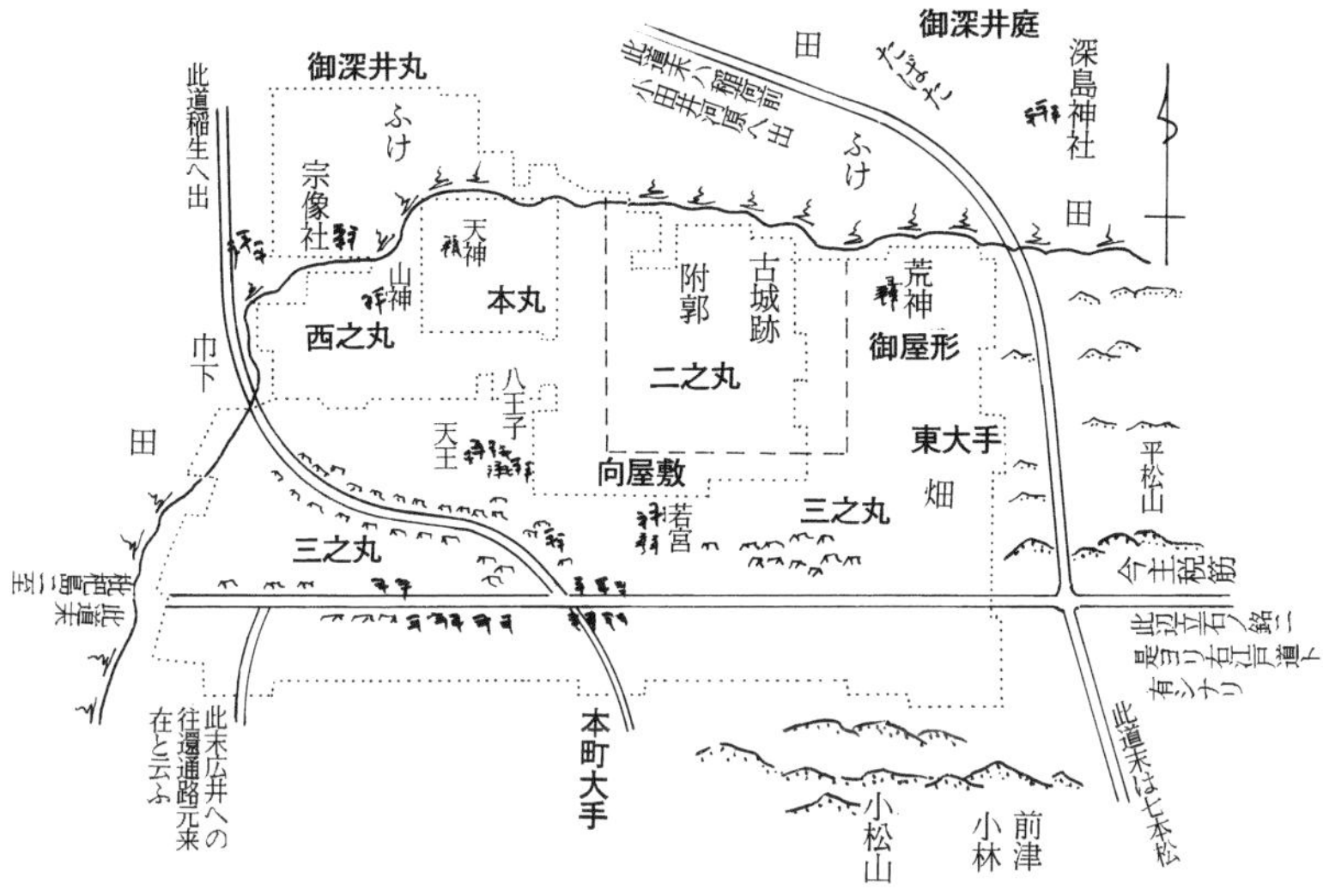

『金城温古録』記載の「御城取大体之図」(破線は現在の城郭を示す)

にあるのか正確にはわからない。唯一頼りになる資料が『金城温古録』の掲げる「御城取大体之図」で、新旧の城の重なり具合を図示しているが、図面というよりスケッチに近く、『名古屋城史』は定規を用いてこれを丁寧にトレースしている。

図に示された古城（那古野城）跡は、少し西にずらせば名古屋城二の丸に合致する。大きさを含めどれだけ正確かわからないが、実際に近いとするなら「方位の共通している点」が注目される。水野時二氏は、「新しい城を築く際、古城〈柳の丸〉の塁、濠などの遺構が決定的な影響力を有しており、すでに正方位から五度ほどずれていた〈柳の丸〉の方位を、名古屋城はそのまま受け継いだ」とされている。何ゆえずれたのかというと、「北崖の走向ラインに合わせたため」という。概要図には、新城以前の崖の輪郭が北から西にかけて描かれていて、新城の堀の輪郭とうまく合っているように見えるが、実測された地形図ではなく、崖の走向ラインとのかかわりまで正確に読み取ることはできない。

重ね図を見て何より驚かされるのは、名古屋城の「御深井丸《おふけまる》」部分が、すべて崖からハミ出ていることである。崖の下は当時地元の百姓も近づかぬ底なしの沼で、この〈深い沼〉を名古屋言葉で〈ふけ〉という。この〈ふけ〉にセリ出す形でつくられたのが、およそ二〇〇メートル四方の御深井丸で、いまは本丸の北西につづく「御深井丸庭園」になっている。この範囲の沼地を埋め立て、台地と同じ高さまで盛土《もりつち》したというから、気の遠くなるような話である。築城後この地を通った本多正純《まさずみ》が、「もう二、三町（二、三〇〇メートル）南へ寄せてつくれば、安くついたものを」と評したという（『昔咄』一二）。ハミ出したのは、昔の那古野城の設計をそのまま拡大したためとか、防御のためとか、あるいは大名の費《つい》えを増やすためともいわれるが、お金の問題はさておき、「城の一角を底なし沼へセリ出す」という発想がすごい。

『名古屋城物語』（朝日新聞社刊）は、「当時の鉱山技術を利用し竜骨車《りゅうこっしゃ》で水を掻《か》い出し、そこへ大量の松の丸太を投げ込んで足場を築き、堀の開削で出た泥土に山砂を混ぜ、土台を突き固めた」と、工事の手順を記している。築城工事中もっとも多くの犠牲者を出したのが、この御深井丸だった。

＊本多正純（一五六五〜一六三七）　助正以降二家に分流、定正系から正信・正純父子が出、家康側近として活躍。正純は大坂冬の陣後の総堀埋め立て、家康の葬儀、日光東照宮造営などを指揮し下野《しもつけ》宇都宮藩主となったが、秀忠に疎《うと》まれ改易、佐竹氏に預けられ、出羽国横手に千石を与えられ配流、当地で没した。

水野氏の論文には、名古屋城には場違いな〈安土《あづち》〉という地名がしばしば出てくる。「本丸から台地北縁に沿って東へ六町の地点にある現標高一一・二メートルの小丘陵が〈安土〉で、ここを外濠の北東端基点として、三の丸空濠（幅五〇間）を直角に七町ほど南下させ、そこから逆L字形に西へのびる濠が三の丸の外堀になる」とし、外堀東西筋と台地北縁の崖ラインが平行関係にあること、

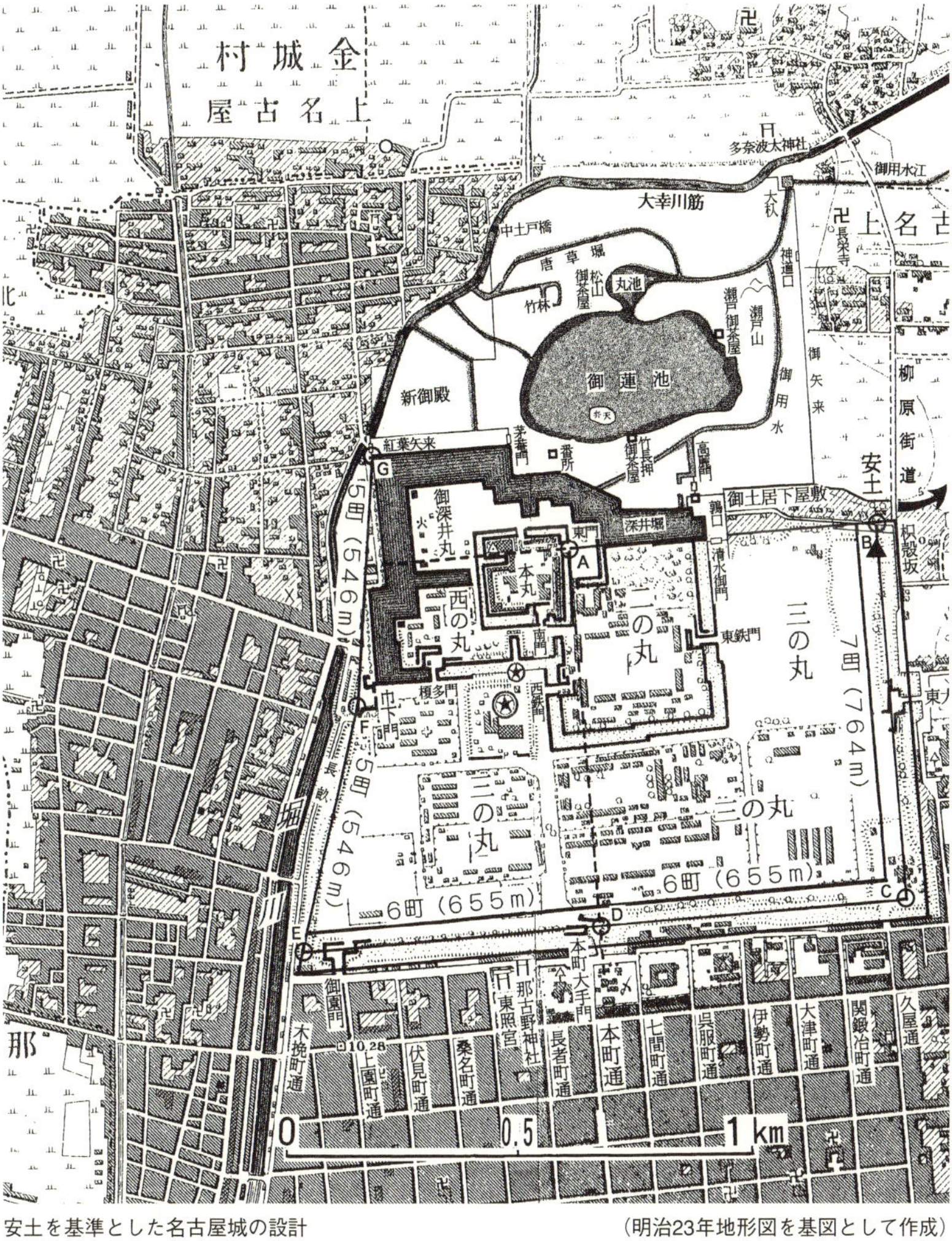

安土を基準とした名古屋城の設計　（明治23年地形図を基図として作成）

城の輪郭を描く上で安土が基点の一つになっていること、を述べられている。この記述を明治二三年地形図の上に写してみると、概ね合致するようだ。ただし現在の標高二一・二メートルの三角点は、〈安土〉は、今も土居の高まりの上に残っていて、簡単に上ることができる。台地北縁より少し南へずれる。

秘密の脱出口

水野氏が参考にされたのは、岡本柳英《りゅうえい》氏の『名古屋城三の丸・御土居下考説《おどいしたこうせつ》』（昭和三四年）で、〈安土《あづち》〉の名がはじめて使われている。名古屋城三の丸東北隅に大きな丘があり、これを御土居下の住人は「安土」と呼んだ。この丘を取り崩して三の丸北側の土居と、さらに崖下の沼沢地を埋め立てた。それでも残丘は周囲より高く残り、現在そこに三角点が設置されている。岡本氏は、「城を築く際この安土頂上が基点となり、西方の二の丸庭園北縁の石垣を一直線に見通し、そのまま本丸天守閣の真西に突き当たる」と述べられている。

岡本氏の先祖は御側組《おそばぐみ》同心である。彼らは秘密のベールに包まれた「御土居下屋敷《おどいした》」に住み、危急の際は密かに藩主を東濃《とうのう》方面へ脱出させる特殊な任務を帯びていた。その実態はほとんど知られることがなく、仲間の諏訪水大夫（兵法・儒学者）が記した『御土居下雑記《おどいしたざっき》』がわずかに残るのみという。のちにその原本も散逸し、岡本家に伝わる写本も戦火で焼失、しかし柳英氏自身が書き留めた抜粋やメモ書きを参考にしながら、『御土居下考説《おどいしたこうせつ》』を上梓《じょうし》された。

いま二の丸庭園の北西隅へ行くと、逆L字に入り込む空堀があって、その一角に「埋御門之跡《うずめごもん》」の石碑が立ち、傍らの説明板に「緊急の際ここから脱出する」とある。石垣に組み込まれた急な石段をロープを伝って降り、空濠から御深井堀《おふけぼり》の端に出て、小舟で対岸御深井の庭に渡り、竹長押《たけなげし》の御茶屋に避難する。さらに差し迫れば、堀に沿って進み、高麗門《こうらいもん》を出て鶉口《うずらぐち》（非常口）から御土居下を経て東《ひがし》矢来《やらい》の木戸を抜け、柳原《やなぎはら》街道を横切って、湿田の中を蛇行する小径を清水へ向かい、片山神社の北を通って大曽根へ抜ける。大曽根からは勝川（春日井市、下《した》街道と上《うわ》街道の分岐点）、沓掛《くつかけ》（瑞浪市日吉の東）を経て木曽路へ落ち行く、と定められていた。幕府側の隠密は、大曽根から木曽路へいたるルートは予想していたが、城からの脱出路がわからず、これを探り出すことに力を注いだという。

脱出路にあたる鶉口（のちに土居下と称する）から三の丸北側の土手下に沿って東西に長く延びた敷地があり、ここに御土居下屋《おどいしたや》敷《しき》が木々の間に隠れるように建っていた。二代藩主光友は鶉口に常駐者を置くことを考えたが、実現に六〇年以上かかり、一六軒の同心屋敷が完成したのは宝暦七年（一七五七）のこと、以後多少の増減を繰り返しながら明治まで存続した。

寛政以後の正式な名称は「御土居下御《お》側組《そばぐみ》同心」であるが、平時の務めは高麗門、清水御門、東矢来木戸などの番所に詰め、城内の脱出ルートにあたる二の丸庭園や御深井丸庭園を警備す

埋御門の脱出口（右手石垣に埋御門跡）

名古屋城天守閣（本丸御殿復元工事前、礎石が見える）

ることであった。しかしこれは表向きの仕事で、それぞれの家は、代々一芸に秀でるための修練を積んだとされる。著者の岡本氏の家からは鉄砲の名手や絵画に巧みな人物が出たし、諏訪家は学者の家系、山本家は剣術に秀で、市野家は文藝、広田家は忍術、森島家は水泳の達人、そして大海家は柔術の達人で、一人で駕籠を担ぐことができ、藩主脱出用の「忍《しのび》駕籠《かご》」が常備されていたという。

「名古屋」と「御城下」と「碁盤割」

ひと時代昔まで、春日井や瀬戸方面に住む人が「ちょっと名古屋へ」といえば、市街地入口の大《おお》曽根《ぞね》か百貨店の集まった栄町《さかえまち》（現、栄）あたりを意味した。いまは栄以上に名古屋駅周辺が躍進し、大須も元気を取り戻して、繁華街を何処と決めつけるわけにいかなくなった。時代によって「名古屋」のイメージは、いろいろに変化する。案外この先名古屋城を中心に、「江戸の町」が復元されるかもしれない。

江戸時代の文献には、「名古屋」「御城下《ごじょうか》」といった言葉が盛んに出てくる。林董一《とういち》氏は両者の使い分けを丁寧に検証されていて（『尾張藩漫筆』）、「名古屋」の範囲は「北東は大曽根《おおぞね》、北西は枇杷《び わ》島《じま》、南は日置《ひおき》・前津小林《まえづこばやし》・古渡《ふるわたり》まで」とされる。鉄道でいうと、中央本線の大曽根駅から南へ順に千種《ちくさ》、鶴舞《つるまい》、金山《かなやま》駅を結び、金山からは東海道本線と重なって北へ反転、名古屋、枇杷島駅を結んだ大きな「V字」の内側が、むかしの「名古屋」ということらしい。

一方の「御城下」は、「名古屋」より少し狭い。名古屋開府五〇年にあたる万治《まんじ》三年（一六六〇）、御城下は未曾有《みぞう》の大火に見舞われ、これがきっかけで四町四方（辺長四〇〇メートル強）の各辻《つじ》（十字路）

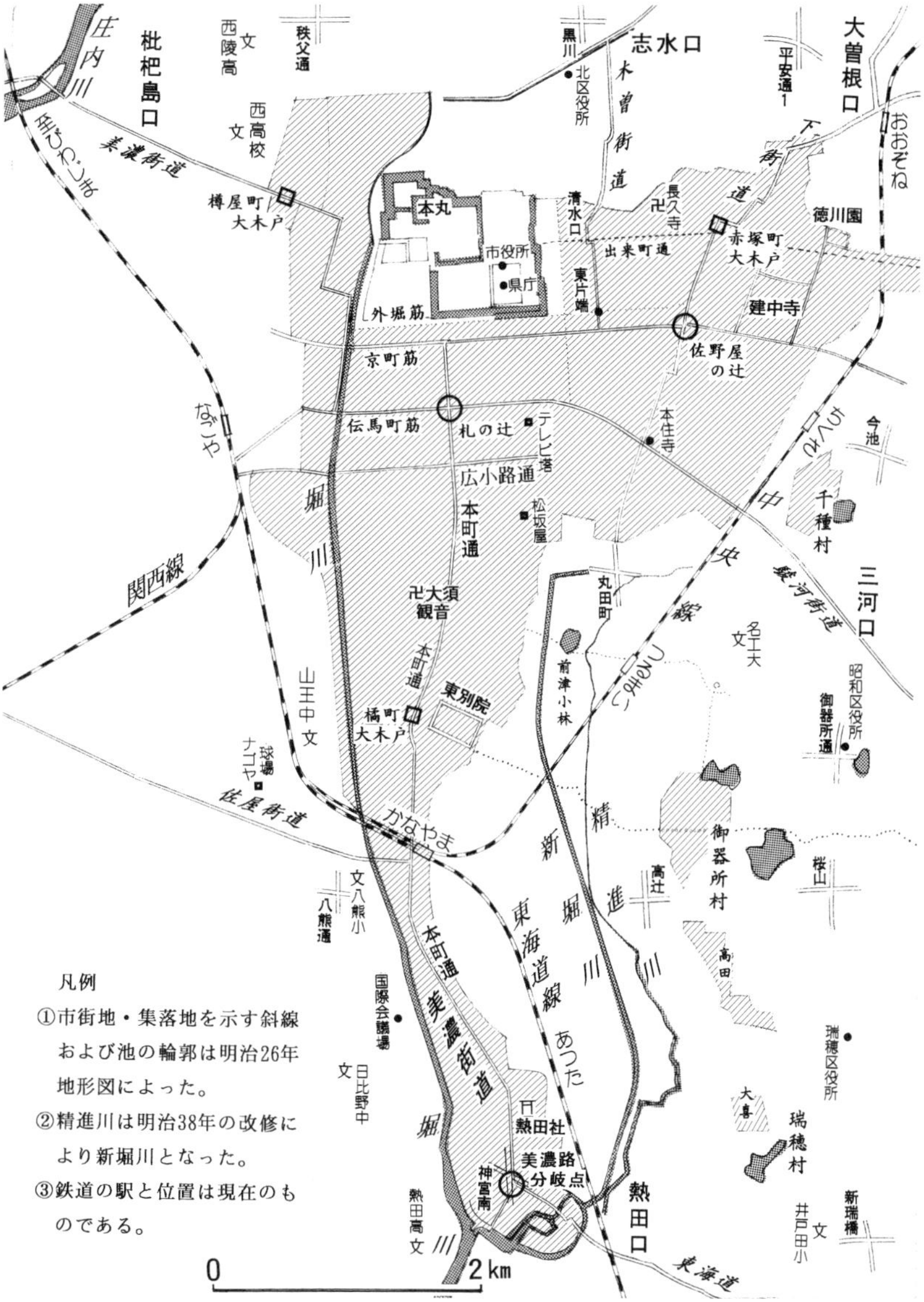

名古屋の五口と三大木戸

ごとに木戸《きど》が設けられ木戸番が通行を取り締まった。その数一一〇カ所に及んだが、とくに重要な街道筋の木戸を〈大木戸《おおきど》〉といい、御城下への出入口となった（明治五年廃止）。木戸は暮れ六《む》つ（定時法の午後六時）に閉じ、それ以後は潜《くぐ》り戸を開けて通行を許可したが、夜四《よ》つ（同午後一〇時）以後は完全に閉ざされ、一切の通行を許さなかった。

御城下の出入り口に設けられた三カ所の大木戸とは、木曽へ通じる下《した》街道筋の「赤塚町《あかつかまち》大木戸」（現、赤塚町《あかつかちょう》）、枇杷島、清洲《きよす》（須）から墨俣《すのまた》、大垣を経て垂井《たるい》の手前で中山道《なかせんどう》へ合する美濃街道の出発点「樽屋町《たるやちょう》大木戸」（現、押切町《おしきりちょう》）、同じ美濃街道つづきで、南の熱田へ向かう途中の「橘町《たちばなちょう》大木戸」（現、橘一～二丁目）で、出入り口の意味からそれぞれ大曽根口、枇杷島口、熱田口という。これに上《うわ》街道（木曾街道、犬山街道とも）筋の清水（志水）口、岡崎街道筋（駿河街道、飯田街道筋とも）の二口を加えて、「名古屋の五口《ごくち》」とよぶ（51ページ地図参照）。

赤塚から坂上町《さかうえちょう》（「さかがみ」とも、俗称竹屋町《たけやちょう》）の坂を下れば大曽根村、樽屋町から押切を過ぎれば枇杷島村、橘町を南に下れば古《ふる》渡《わたり》村だが、「名古屋」の範囲にはこれら周縁の村が含まれ、「御城下」の場合はその手前の大木戸までとなる。

三　熱田から鳴海へ

熱田の町

熱田の地名起源について津田正生《まさなり》の『尾張国地名考』は、「熱田は大昔の吾湯市《あゆち》村で、〈吾湯市《あゆち》の田《た》〉が約《つづ》まって〈あつた〉になった」あるいは「鰷市潟《あゆちがた》が約まった」という二説を掲げる。

※鰷はハエで鮎とすべきだが、原文のママとした。

一方『尾張国熱田太神宮《だいじんぐう》縁起（寛平縁起《かんぴょうえんぎ》）』では、「ヤマトタケルが亡くなり白鳥と化した後、ミヤズヒメは約束通り神剣を守っていたが、ある日親しい人を集め、〈わが身も衰えこの先分からない、社《やしろ》を定め神剣を遷そうと思う〉と言い、社地を定めた。そこに楓《かえで》の樹があり自然に燃えて水田に倒れたが焔は消えず、水田が熱くなった。そこでこの社を〈熱田〉と号した」とある。この説話は他書に見えないが、散逸した『尾張国風土記』が収録していた説話ではないか、とする見解もある。

熱田の地に熱田社が祀られ、その門前町として発展した熱田の町だが、近世はじめに東海道四一番目の「宮宿《みやのしゅく》」が置かれ、一層の賑わいをみせた。この宮宿（熱田宿）と名古屋の関係は、品川宿と江戸との関係に似る。

品川宿はいまの京浜急行新馬場《しんばんば》駅のスグ南、品川駅から南へ一・五キロメートル下った位置になる。ここが「東海道五十三次」最初の宿で江戸の玄関口だ。日本橋からおよそ二里（八キロメートル）、江戸に近い割には旅籠数が一〇〇軒もあり、江戸入りする前に身なりを調える旅人や長い旅路の最後の夜を思う存分満喫する輩もいただろう。江戸の庶民にとってもここは目が届きにくい遊興の地で、飯盛女（宿場遊女）は定められた五〇〇人の三倍近くいたという。

一方東海道四一番目の宮宿は東海道五十三次のなかでも一、二を争う大きな宿で、住人の数は大津・府中宿と並び軽く一万人を超している。旅籠の数は二五〇軒、名古屋城下で遊郭は禁止だが（宗春時代は別）、熱田は慶長以来黙認とされ、文化三年（一八〇六）には旅籠一軒あたり二人の飯盛女が認められた。つまり品川と同じ五〇〇人だが、実際はもっと多かったろう。

違う点もある。江戸（日本橋）は「東海道」ルートの起点だが、名古屋御城下のほうは東海道から外れる。宮宿から「七里の渡し」で桑名宿へ到るのが「東海道」、陸路をとれば一里半で御城下の名古屋宿へ到るが、こちらは「美濃路（美濃街道）」に属する。美濃路は東海道と中山道をつなぐ脇《わき》往還《おうかん》で、宮宿で東海道から分かれ名古屋、清洲、稲葉、萩原、起《おこし》、墨俣《すのまた》、大垣の七宿を経て垂井宿で中山道に合する。その間約一五里（六〇キロ）、流石に一日では無理で二日にわたる。その分岐点にあたる道標が熱田の街角に残る。

東海道を行く

江戸時代にはこの分岐点に源太夫社（上知我麻《かみちかま》神社のこと、尾張氏の祖小止与《おとよ》命を祀り、いまは神宮境内社）が建ち、『尾張名所図会』に壮麗な社殿が描かれている。その前は高札場になっていて、左折（南）すれば宮の渡し場、右折（北）すれば市場町から熱田社西沿いの道を北上し、美濃路を進むことにな

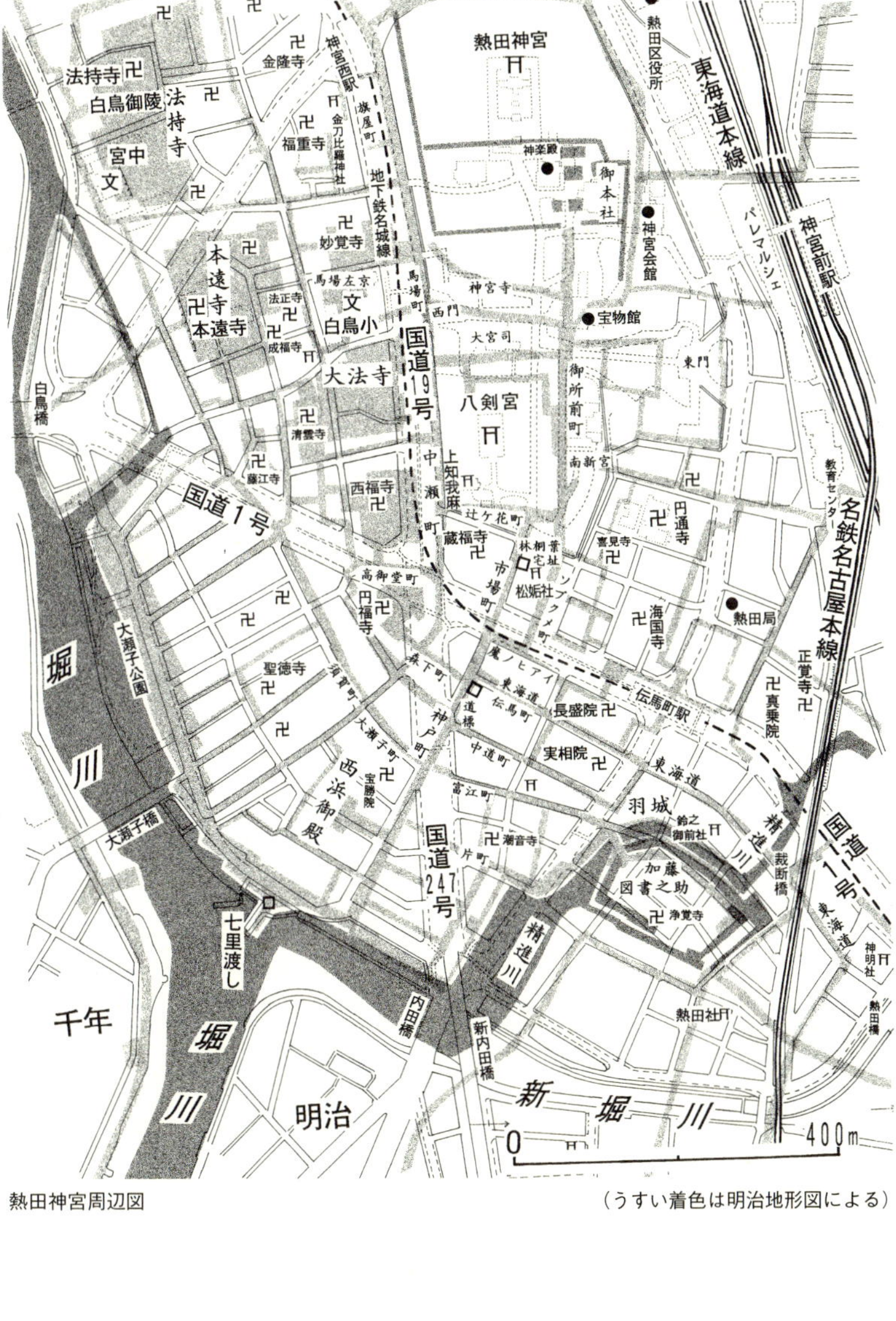

熱田神宮周辺図　（うすい着色は明治地形図による）

る。この分岐点（丁字路）の両角に道標があり、南角の道標は今も道路脇に立っている（現在角の家が改築されていて、道標の今後が気がかりである）。寛政二年の建立で、高さは一・四メートル、東面に「東（北、

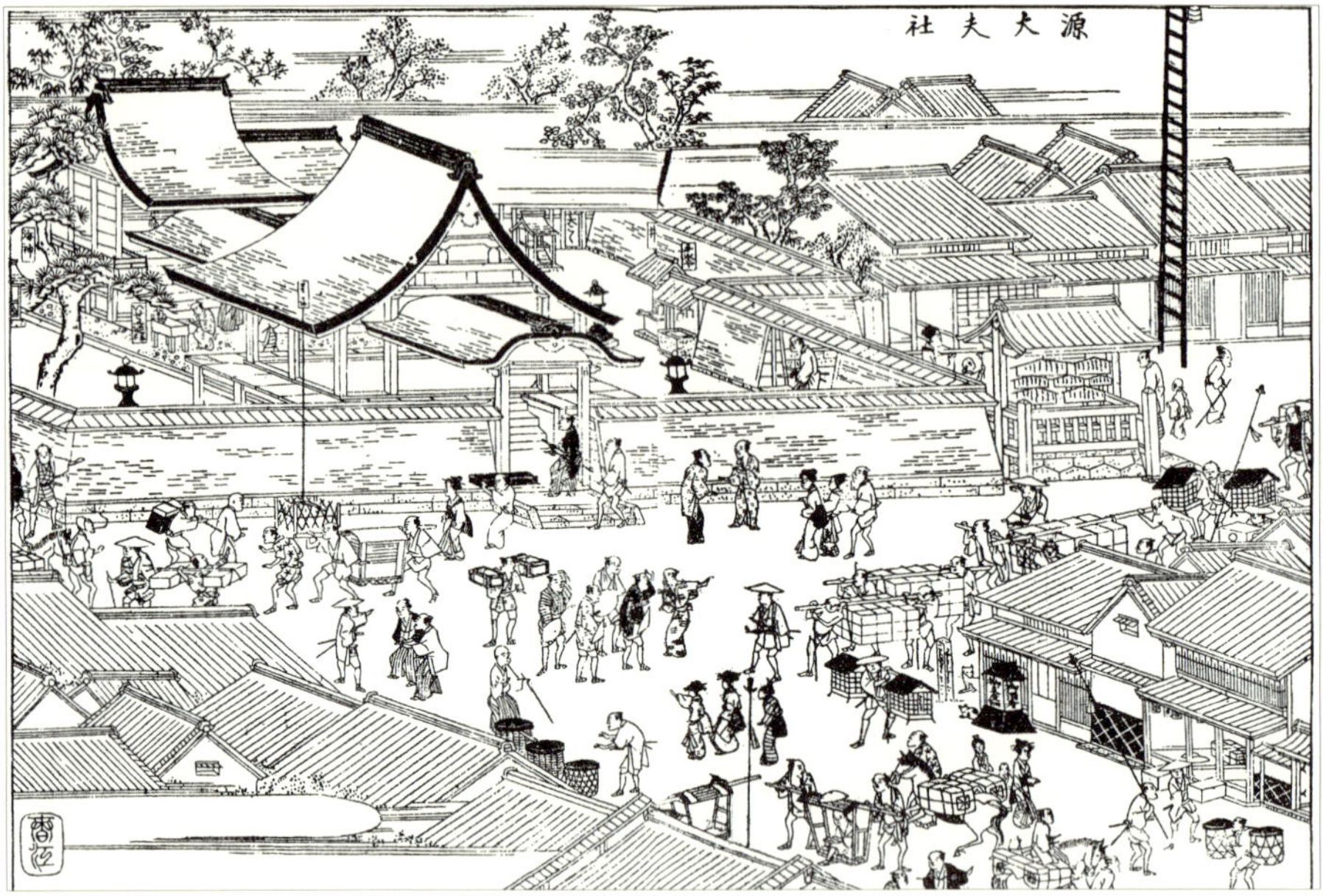

源太夫社　　尾張名所図会巻四

さや・つしま、みのぢ海道）道」、西面に「西（東、江戸かいどう、北、なごやきそ）道」、北面に「北（南、京いせ七里の渡し、是より北あつた御本社弐町）道」、南面に「寛政二庚戌年」とある。

この道標から旧東海道を東へ進む。国道一号より一つ南の道である。県道二二五号に出る手前右側に、戦後間もなく創業した和菓子の「亀屋芳広本店」があり、県道を渡った東南角《かど》には「白本陣《しろほんじん》跡」がある。森田八郎右衛門の経営で赤本陣《あかほんじん》（現、「蓬莱軒本店」北側）に次ぐ格式とされる。この先、参詣人の「みそぎ場」だった「鈴之御前社」を過ぎると、有名な「姥堂《うばどう》」と、かつて精進川に架かっていた「裁断橋《さいだんばし》」跡に至る。

裁断橋と姥堂

いま精進川は失われ、旧流路に「新堀

川」が掘削された。そのときの余った土で熱田工廠《こうしょう》敷地を埋め立て鶴舞《つるま》公園が造成され、翌明治四三年に「第一〇回関西府県連合共進会」の会場となった。

精進川の名の起こりは、この川の辺《ほとり》で熱田社の神主が「名越《なごし》（夏越）の祓《はらえ》（邪神を鎮める六月晦日の神事）」を行うことによる。別名「祓川《はらいがわ》」。庶民の間では、三途《さんず》川、姥堂《うばどう》川、おんばこ（婆さん）川と呼んだそうだ。この精進川に架かる橋が裁断橋で、傍らの姥堂とは切り離せない関係にある。そういえば「裁断橋」の語源を「三途川」に求める説がある。三途川に架かる「サンズ橋」が「サンダ橋」に転訛したというわけだが、市橋鐸氏などは否定的で、「宮の社人が掟に背いたときこの川岸で《裁断》し、橋を渡らせ追放した」という伝承を紹介している。最初の架橋時期は不明だが、その後何回か架け替えられた橋は、長さ二〇メートル、幅五～六メートル前後だったらしい。この橋の袂《たもと》に建てられた姥堂は、延文三年（一三五八）と古い。堂の本尊は丈六の奪衣婆《だつえば》座像、立てば一丈六尺、座像なら半分の八尺（約二・四メートル）、それでも巨大である。残念ながら戦災で、お堂もろとも焼けた。昭和二六年に再建されたが、平成五年境内にマンションが建てられ、一階にコンクリートの裁断橋、二階に新しい

裁断橋と姥堂（２階）

美濃路の起点（正面は東海道、右手角に道標が建つ）

姥堂　裁断橋　　尾張名所図会巻四

姥堂が設けられて、わずかに昔を偲ぶ縁《よすが》となっている。

奪衣婆は三途の川（橋、浅瀬、深瀬の三つの渡河に分かれた川）のうち、最も罪深き人が渡る深瀬のほとりに待ち構えていて、ずぶ濡れの罪人から衣を剥ぎ取る役目。なぜそんな婆さんが本尊なのかというと、川の別名「僧都川《そうず》」に因んでの話だが、まだ橋の架かっていなかった昔、幸《こう》順《じゅん》僧都という坊さんが渡り損ね溺れ死んでしまった。近くに住む強欲な婆さんがその衣服をはぎ取ったところ、日を経ずして急死。ところが死んだ後もこの世に残した品が未練で、毎晩火の玉となりさまよった。さすがに近所の衆もあきれ果て、霊を鎮めるため堂を建て婆さんの像を祀ったという。この伝説、市橋氏が『続・熱田裁断橋物語』（泰文堂・昭和四六年）で紹介されている。一説に、奪衣婆像は掌の内に童顔の像を置いていたそうで、仮に小像がヤマトタケルなら奪衣婆ではなくタケルの母かミヤズヒメの可能性もあるという（「説明版」による）。ミヤズヒメのイメージが壊れそうだ。以上「精進川、裁断橋、姥堂」の三題話みたいだが、肝心の「堀尾金助」の話に移る。

堀尾姓は尾張北部の春日井、江南、一宮、岩倉に多い（角川『日本姓氏大辞典』）。その祖先は長屋王までさかのぼる名族で、もと高階《たかしな》氏。丹羽郡に土着した高階一族が応永年中（一三九四〜一四二七）に改姓し堀尾姓を名乗ったという。代々尾張国御供所《ごごしょ》（現、大口町）の領主となり、泰晴のとき岩倉城主の織田信安《のぶやす》に仕えた。しかし間もなく信長に攻められて落城、子の吉晴《よしはる》は流浪ののち木下藤吉郎に仕えた。以後稲葉山城攻撃や越前朝倉攻めに参加して頭角をあらわし、若狭高浜、近江坂本、近江佐和山《さわやま》の城主を経て、天正一八年（一五九〇）小田原攻めの戦功で、ついに浜松一二万石の大名となった。

この堀尾吉晴の従弟に当時一八歳の金助がいて、秀吉の小田原攻めのとき叔父の佐衛門之進《さえもんのしん》に伴われ従軍した。おそらく戦場では吉晴の陣に属したと思われるが、その吉晴は秀次陣の中核にあって小田原攻め第一の働きをみせた。しかし金助は病に倒れ、尾張の僧淳誓《じゅんせい》（還俗し横井源助として従軍）の手厚い介護を受けたがその甲斐なく亡くなった。淳誓は遺体を荼毘《だび》に付し、遺骨を金助の母のもとに送り届けた。叔父の佐衛門之進も戦死したと伝えられている。

金助の母は悲嘆に暮れつつも、武運拙《つたな》く病に倒れたわが子のことを、世の人々の記憶にとどめて貰おうと、往来の多い東海道の「裁断橋」架け替えを思い立った。私費を投じての善行は一刻《いっとき》世の脚光を浴びたがやがて忘れ去られ、橋も傷んだ。そこで三三回忌を控えた元和八年（一六二二）、七〇を過ぎた母は再び改架を決意して、欄干の擬宝珠《ぎほうじゅ》に事の次第を彫刻したが、完成を待たず亡くなった。

橋銘は和文と漢文の二通りあり、和文は母の直筆と思われ（山田秋衛）、痛切の思いをつづる名文として高く評価されている。

てんしやう十八ねん二月／十八日に、をだはらへの
御ちん、ほりをきん助と／申十八になりたる子を
たたせてより、又ふため／とも見ざるかなしさの
あまりに、いまこのはし／をかける成、ははの
身にはらくるいと／もなり、そくしんじやう
ぶつし給へ、／いつがんせいしゅんと後の
よの又のちまで、此／かきつけを見る人は、
念仏申給へや、卅三／年のくやう也。

天正一八年二月一八日に、小田原への
御陣、堀尾金助と申す一八になりたる子を
発たせてより又二目とも見ざる悲しさの
余りに、今この橋を架ける成り。母の
身には落涙ともなり、即身成
仏し給へ、逸岩世俊と、後の
世の又後迄、此の書付けを見る人は
念仏申し給へや、卅三年の供養也。

※現地には複製の擬宝珠が設置され、本物は名古屋市博物館が展示している。

和文に出てくる「逸岩世俊」は、漢文の方に「其法号、逸岩世俊大禅定門也」とあり、金助の法名とわかる。多くの書は「金助母の銘文」と「ジャガタラ文《ぶみ》のお春の消息」、そして「成《じょう》尋《じん》阿闍梨《あじゃり》の母の文」を日本の三大名文と讃えている。参考のため、他の二文もここに紹介しておく。

まずジャガタラお春の消息文（手紙）だが、ジャガタラ（ジャカルタの訛り、オランダ総督の居たバタビアのこと）には、当時多数の日本人移民が居住しており、寛永一六年（一六三九）の鎖国令により、オランダ人との間に生まれた子どもはすべてこのジャカルタへ送られた。お春は実在の女性で、ジャガタラでシモンセンという青年と結婚し、七人の子をもうけ、裕福な生活を送ったという。「日本恋しや…」のジャガタラ文は、実際は長崎の人西川如見《にしかわじょけん》（一六四八～一七二四、天文・地理学者、吉宗に招かれ幕府

天文方、著書『華夷通商考』）の創作によるものとされるが、名文には違いなく、いまも「ジャガタラお春の消息文」として伝わる。

○日本恋しや、かりそめに立出でて又と帰らぬ故里と思へば、心も心ならず、涙に咽《むせ》び眼もくれ、夢うつつともさらに弁わきまへず候を、あまりのことに茶包み一つ進じまいらせ候、あら日本恋しや日本恋しや。（茶包みの袱紗の裏面に書かれたもの）

もう一つの成尋阿闍梨の母の文は史料としても貴重なもので、ドナルド・キーン氏が『百代の過客』で取り上げられている。筆者が携わる「春日井シンポジウム（現、「東海学シンポ」として継続）」の第二〇回で、帰化されて間もないキーン氏から正岡子規論の寄稿をいただく機会があり、そのとき氏の著書を何冊か読み、改めてその博学ぶりに驚かされた。氏は『成尋阿闍梨母集』を日記文学の一つとして取り上げ、批評を加えられている。次の一節を引かせていただく。

○高きも賤《いや》しきも、母の子を思ふ志《こころ》は、父には異なるものなり。腹のうちにて、息の苦しう、起き臥《ふ》しも安うせねど、わが身よくあらんと覚えず。これを、「見る目よりはじめて、人よりよくてあれかし」と思ひ念じて、生まるる折の苦しさも、ものやは覚ゆる。（『成尋阿闍梨母《ははの》集《しゅう》』）

身分の高い低いにかかわらず、母が子を思う気持ちは父親のそれとは異なるもので、お腹にいるとき息苦しくて体の自由も覚束ないのに、それでも自分の体のことよりも、お腹の子が少しでも容貌もよく、他人より優れていて欲しいと念じ、産みの苦しささえ何とも思わないものです。

キーン氏は、「八十代の老女の脳裏から離れぬ息子、それだけを主題にした日記を書くというは、世界文学史上他に類例を見ない」と説かれている。成尋は山城国大雲寺に住した天台の高僧で、三蹟のひとり藤原佐理《さり》の子である。延久三年（一〇七一）六四歳にして入宋《じっそう》、天台山・五台山をめぐり、ついに帰国することなく七一歳で彼《か》の地「開宝寺」に入滅した。渡宋の話を知ったとき、母は必死に止めようとしたが、翻意させることができなかった。その無念の思いを切々と綴った文章である。話をもどそう。金助が亡くなった天正一八年、本家の堀尾吉晴もまた金助の死を悼《いた》み、京都の妙心寺境内に塔頭《たっちゅう》「俊厳院（金助の法名、堀尾家断絶ののち春光院に改名）」を建て供養した。当院には金助と吉晴夫妻の木像三体が安置され、吉晴夫妻とその一門の墓もある。

白毫寺の「年魚市潟勝景」碑と芭蕉句碑

裁断橋から先、旧東海道は国道一号に沿う。高速三号を潜った所で国道と別れ、名四国道事務所前を通り過ぎると山崎川にぶつかる。そこに架かる山崎橋を渡り、あとは道なりに南下する。ほぼ名鉄名古屋本線に沿う道である。呼続二丁目と三丁目の境を西へ曲ると、白毫寺《びゃくごうじ》へ至る。

眉間山《みけんざん》白毫寺は曹洞宗で熱田円通寺《えんつうじ》の末《まつ》、元亀二年（一五七一）の創建と伝える。佐久間信盛の砦跡ともいうが詳細は不明らしい（三渡俊一郎『南区の歴史』）。境内には「年魚市潟勝景《あゆちがたしょうけい》」碑があり、傍《かたわ》らに万葉歌「あゆちがた　しほひにけらし　知多の浦に　朝こぐ舟も　沖に寄るみゆ」を刻んだ歌碑が立つ。古くから「アユチ潟を西南に望む景勝地」として、よく知られた場所なのである。名古屋台地の先端熱田から山崎川の低地（アユチ潟最奥部）に降り、再び笠寺台地をのぼった位置が白毫寺で、地形的には「砦説」も十分頷ける。

東海道よりひとつ古い鎌倉街道もこの笠寺台地上を通り、東進して台地下の「なるみ潟」へ降りる。熱田と笠寺台地の間の谷地形には山崎川が流れていたが、「なるみ潟」には天白川が流れる。これらの河川は何百年もかけて「潟」の奥を埋め、遠浅地形の干潟を少しずつ前方へ押し出していった。それにつれ、潟を渡る道も南へ移動する。なるみ潟の場合、上古は中根から野並へ至る「上ノ道」、次の時代は桜台高校東の村上社辺から古鳴海《こなるみ》へ渡る「中ノ道」、そして江戸時代は東海道にあたる「下ノ道（笠寺・赤坪町から三王山へ）」が利用された。三つのルートのうち中ほどの村上社には、街道の目印になったクスノキの大木が残っており、傍らに高市黒人《たけちのくろひと》の歌碑が建つ。

村上社のクスノキと万葉歌碑

熱田神宮境内のクスノキに並ぶ屈指の巨木が村上社にあり、市の天然記念物に指定されている（『新訂版　名古屋の史跡と文化財』）。『尾張徇行記』に、「桜村城の城跡に鎌倉街道の目標となるクスノキがあった」と記されており、村上社の巨木がそれに当たるらしい。根囲い一三メートル、幹回り七メートル、樹高二〇メートルで、枝の広がりは境内を覆うばかりである。満潮時に「なるみ潟」を渡る舟は、この樹を目印に進んだようで、社の東崖下に舟着き場があったと伝える。

年魚市潟勝景碑（白毫寺）

クスノキの巨木（上）と万葉歌碑（下）（村上社）

中日新聞の「地名さんぽ」初回に「愛知《あゆち》」を取り上げ、「地下鉄桜通線の鶴里《つるさと》駅にほど近い名古屋市南区楠町の住宅地。小高い丘の上に幹回り十メートルを超えるクスノキの巨木がそびえる。脇には、万葉集に収められたある和歌を彫った歌碑がひっそりとたたずむ。〈桜田へ　鶴《たづ》鳴き渡る　年魚市潟《あゆちがた》　潮干《しおひ》にけらし　鶴鳴き渡る〉／奈良時代の歌人高市黒人《たけちのくろひと》が今の名古屋市南部から知多に広がっていた干潟に、餌を求めて現れた鶴が鳴いている情景を詠んだといわれる……」と簡潔に記している（平成二七・二・七）。記事にはなぜか「村上社」の名が出ていないが、宮中に和歌所を置き、文人として知られた村上天皇を祀る社で、創建の経緯は不明だが、昭和四八年に地元の郷土文化会が境内にこの万葉歌碑を建てた。筆は国文学者の久松潜一氏による。氏は明治二七年知多郡東浦町に生まれて東京大学教授となり、昭和五一年に亡くなられた。晩年の筆である。

桜田八幡社の万葉歌碑と桜田勝景碑

同じ歌を刻んだ歌碑は、近くの桜田八幡社境内にも建っている。この社は桜台高校の南東角の前にあって、神社入口に「桜田貝塚」を示す碑が建つ。境内の南から道路を挟んで向かい側の「春日野配水場」にかけ、弥生の環濠《かんごう》集落が想定されている。桜台高校の中には「霞町《かすみちょう》遺跡」、南には「見晴台《みはらしだい》遺跡」があり、一帯は弥生遺跡の宝庫である。

八幡社入口から崖の方へ行くと、「桜田勝景　愛知県」と刻んだ石碑と、傍らに「あゆちかた　汐みちくらし　うちかすむ　さくら田さして　たづ鳴きわたる　正二位源清綱」（作者は宮中歌所黒田清綱）の歌を刻んだ歌碑、さらに本殿脇の道路側に、高市黒人の「桜田へ鶴鳴き渡る……」歌碑が建てられ、台石には昭和六〇年二月とある。八幡社から南に下ると、見晴台《みはらしだい》考古資料館は近い。

見晴台遺跡に建つ見晴台考古資料館

見晴台遺跡は、南区見晴町を中心に、北は貝塚町、東と南は弥生町、西は白雲《はくうん》町《ちょう》にかかる広範な遺跡で、笠寺台地の南に舌状に突きだした先端に立地し、弥生の環濠集落を中心とする遺跡である。昭和一五年に故坪井邦夫氏が調査され、銅鐸《どうたく》型土製品が出土して注目された。昭和三九年から市民参加の発掘調査が行われ、現在も続いている。市民参加の継続的な調査は全国的にも珍しく、その運営には多くの苦労が想像される。考古の道に進んだ若者のなかに、小・中学時代見晴台の調査に参加した人も結構いて、啓発活動としての一面が高く評価されている。

これまでに弥生後期から古墳時代前期までの竪穴住居百数十軒が出土し、集落の周囲に巾、深さとも四メートル規模の断面V字形の濠が検出されている。昭和五四年に遺跡中央に考古資料館が建設され、史跡公園としての整備も進んでいる。時間があればぜひ立ち寄り、展示見学では学芸員の説明を聞かれるとよい（『新訂　名古屋の史跡と文化財』参考）。見晴台考古資料館から南へ丘を下ると、笠寺観音が近い。

桜田勝景碑
（桜田八幡社）

見晴台考古資料館

笠寺観音（天林山笠覆寺）

天平のむかし、浜に流れ着いた霊木に僧善光が十一面観音像を刻み、安置したのが笠寺の前身小松寺《こまつじ》、やがて堂は荒れ果て、観音像は雨ざらしとなった。自分の笠を脱いで仏像にさしかけたのが玉依姫《たまよりびめ》、のち藤原兼平《かねひら》（基経の次男）に見初められて妻となり、夫婦は延長年間（九二三～三一）笠寺の地に寺を復興したという。この縁起のあらすじは、嘉禎四年（一二三八）、再度笠覆寺《りゅうふくじ》を再興した阿願《あがん》の解状《げじょう》（上級者に差し出す申し状）が原型で、これを仮名書きに改めた『笠寺観音縁起』写しとともに笠覆寺が所蔵している。笠覆寺の名は応永二五年（一四一八）の文書が初出で、以後「笠寺」と「笠覆寺」が互用され今日に至っている。阿願は現在東郷町にある祐福寺《ゆうふくじ》の僧で、再興に当たっては領主の念阿弥陀仏《ねんあみだぶつ》から広大な田野の寄進を受けた。現在の建物の多くは宝暦三年（一七五三）以降だが、多宝塔と鐘楼《しゅろう》は約百年古い。とくに多宝塔は禅宗様を基調とした江戸初期の優作とされる（『愛知県の地名』）。境内には芭蕉句碑二基のほか、宮本武蔵の碑や暁台《きょうたい》句碑がある。

〈笠寺や　もらぬ岩屋も　春の雨〉の芭蕉句碑は「春雨塚《はるさめづか》」と呼ばれるもので、鳴海連衆《れんじゅ》のリーダー「知足《ちそく》とその一族」の

笠寺観音の山門

芭蕉句碑「春雨塚」
（笠寺観音）

記念碑とされるものだ。知足（一六四〇～一七〇四）は本名を下里吉親《しもざとよしちか》といい、通称は金右衛門、法号を寂照《じゃくしょう》とする。鳴海宿の庄屋で屋号が「千代倉《ちよくら》」、鉄の売買からはじめ、晩年には酒造業（銘酒「玉の井」）が家業となった。俳諧に熱心で、西鶴とも親交がある。延宝末年（一六八〇）以降は芭蕉に傾

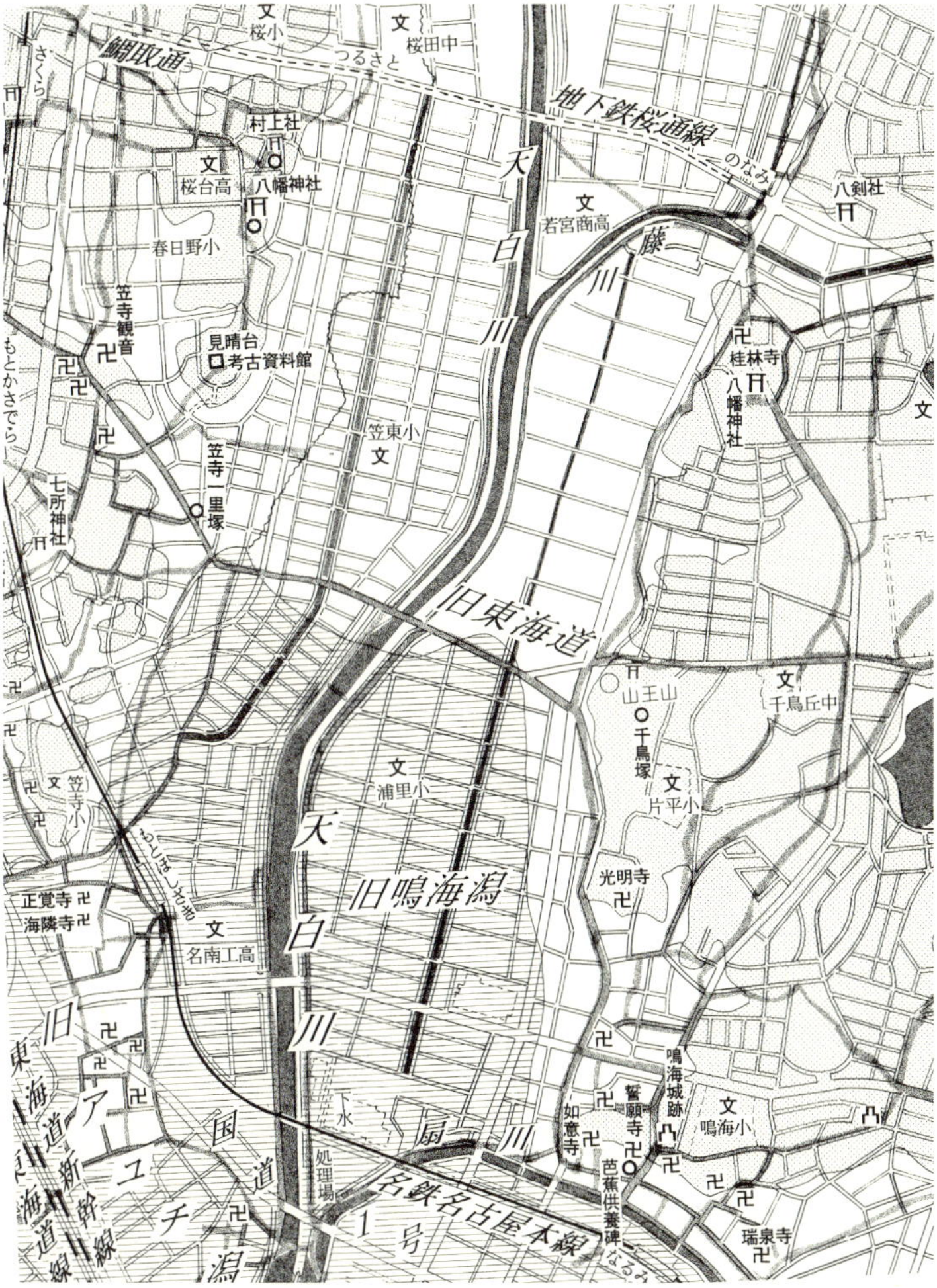

笠寺台地と鳴海丘陵

倒、貞享二年四月蕉門に帰した。息子の蝶羽《ちょうう》（風和・習々軒）は父の遺志を継ぎ『千鳥掛《ちどりがけ》』を編んだ。蝶羽は「下郷《しもざと》」と改姓、子どもの常和《じょうわ》（和菊）と蝶羅《ちょうら》、弟の亀世《きせ》（鉄叟）、その子学海《がっかい》（亀洞）にいたるまで、まさに俳諧の一族を形成した。

春雨塚には「此寺の縁起　人のかたるを聞侍りて」の前書きにつづいて、〈笠寺や…〉の発句、知足の脇句、以下素堂《そどう》（一七一六年没、俳諧以外に和歌、漢詩に秀でる。芭蕉の友、蝶羽の師）、蝶羽、亀世の句とつづき、最後に建碑者蝶羅の名が記される。碑は知足の六〇回忌、亀世三三回忌の追善供養で、安永二年（一七七三）に建てられた。句意は「漏らぬ岩屋ともいうべき立派な笠寺だが、今はそのお寺全体が、静かに雨に打たれている」といったところ、むろん玉依姫の故事を踏まえている。句碑は南門を入ってすぐ左手にある。

鳴海の蕉門

笠寺を出て東海道を南東に進むと一里塚がある。この先むかしの鳴海潟に差しかかり、その中ほどを流れる天白川の天白橋を渡って、対岸の鳴海台地に至る。北の天白区役所方面から下りてきた市道五九号（名古屋中環状線）が交差し、交差点の表示に「三王山」とある。目の前の小高い山のことで、近くの小径を登ると頂に「千句塚《せんくづか》公園」があり、入口の右手に芭蕉の「千鳥塚」が立つ。

この塚が建てられる経緯について鳥酔《ちょうすい》（一七〇一～六九、本名白井信興、柳居《りゅうきょ》門下）の『風字吟行《ふうじぎんこう》』（宝暦六年〈一七五六〉成立、江戸から京都までの紀行文）に、「翁みづから身後のかたみに千鳥塚といふものを築かんとて小石を拾い重ね給ふを、知足《ちそく》はじめ業言《ぼくげん》、安信《あんしん》、重辰《じゅうしん》、自笑《じしょう》等合資して成就せりとぞ」とある。芭蕉は『笈の小文』の旅のはじめ、鳴海宿で知足亭など俳諧連衆《れんじゅ》の家を廻り歌仙を巻いたが、そのうち寺島安信亭で催した「七吟歌仙」での発句が〈星崎の　闇を見よとや　啼く千鳥〉で（句碑は笠寺観音境内に）、「星と闇」の対比に加え「闇を見よとや」の語感がいい。鳴海から本星崎《もとほしざき》、本笠寺《もとかさでら》、呼続《よびつぎ》は、いまも名鉄本線の駅名としても残るが、いずれもかつての海岸線を示している。星崎は江戸時代の塩田で、千鳥の名所としても知られた。

〈星崎の…〉を立句とした句会の記念碑なら、句碑を建てても良さそうなものだが、尺五（約五〇センチ）の比較的小さな石の表に芭蕉の自筆で「千鳥塚　武城江東散人　芭蕉桃青《とうせい》」、裏面に「千句塚」と「知足軒寂照・寺島業言・寺島安信・出羽守自笑・児玉重辰・沙門如風《じょふう》」ら六人の名を、側面に「貞享四丁卯《ひのとう》十一月日」と刻し、句は記されなかった（ルビは筆者）。存命中の塚とは、そうしたものなのかもしれない。芭蕉の生前唯一の塚で、当然最古の塚でもある。加えて芭蕉自ら小石を運んで建碑を手伝ったという記録が貴重だ。昭和五二年市文化財指定。

榊原邦彦氏は「芭蕉碑は全国に千数百基、しかし芭蕉没後五〇年の寛保《かんぽう》三年（一七四三）までに建てられたのは二一基、うち鳴海に千鳥塚、翁塚《おきなづか》、粟塚《あわづか》の三基があり、それに笠寺の星崎塚、佐屋の水鶏《くいな》塚を含めると、四分の一が愛知県に所在する」（『緑区

芭蕉の千鳥塚（千句塚公園）

の歴史』）とされる。芭蕉にとって蕉風発祥の尾張は、懐かしい地だったのである。

桶狭間の合戦遺跡と東海道

東海道は三王山から南の鳴海宿へと続くが、このルートは信長とも関係が深い。

まず三王山と東に隣接する赤塚は、『信長公記』首巻に「三の山赤塚合戦の事」として登場する。「天文二一年（一五五二）、鳴海城主の山口左馬助教継《のりつぐ》、教吉《のりよし》父子は信秀から目をかけられていたのに、亡くなると今川勢を手引きし、織田に叛《そむ》いた。鳴海城に教吉を置き、笠寺に砦を造って（七所社近くの寺部城か、本笠寺駅西の戸部城か）岡部元信《おかべもとのぶ》ら五人を配置し、教継自身は中村の在所（『尾張志』に「さくらの中村の城」とある）を改造して立てこもった。四月、一九歳になった信長は軍勢八百を率いて中根村から古鳴海へ渡り、〈三の山〉へ登った。山口教吉は千五百の軍勢を率い、〈赤塚〉へ出陣、信長も三の山から赤塚へ出撃、数時間に及ぶ接近戦のすえ、信長方の三〇人が討ち死にした。戦いが終わってから、双方捕虜を交換し、逃げた馬も間違いなく返しあった」とある。信長は教継の立て籠もる笠寺、中村を避け、熱田からまっすぐ東へ進んで中根で天白川を渡り、野並から古鳴海を経て南下し、三の山（現、三王山）へ至ったのであろう。

このあと、桶狭間合戦の前に「鳴海の城へ御取出《おとりで》（砦）の事」の一話があり、「鳴海城より二〇町隔てて《たんげ》と云う古屋敷があり、これを砦とし…、東にある善照寺という要害の地…、南にある中島という小村、これを砦とした」とある。乗っ取られた鳴海城を囲んで三方に、丹下砦、善照寺砦、中島砦が築かれたのである。三王山出陣の時点で将来の戦場「桶狭間」を予想したとは思わないが、鳴海周辺での戦《いくさ》は信長の想定に入っていただろう。

丹下砦（緑区鳴海町清水寺）

丹下は「台地の下」の意味という（『緑区の歴史』）。三王山から南の丘陵に、旧東海道筋（県道二二二号）に沿って鉾ノ木《ほこのき》（縄文前期の貝塚あり）、清水寺《せいすいじ》（縄文中期の貝塚あり）、丹下の小字が並び、清水寺には曹洞宗の一国山光明寺がある。もともと三王山の東にあった真言宗の清水寺が、弘治《こうじ》二年（一五五六）現在地へ移転、のちに再興され光明寺となった。

清水寺地区には以前から縄文中期の貝塚が知られており、昭和五〇年に発掘調査が行われたが、貝塚の規模は小さく、むしろ光明寺から延びる濠の遺構が注目された。「丹下砦」との関連である。砦は光明寺の裏山にあたり、外周辺長が一〇〇メートル弱の規模が想定されるが、すでに宅地化されて濠の遺構は失われた。鳴海城からの距離は、『信長公記』のいう「二〇町（二キロ余）」はなく、せいぜい七〇〇メートルほどである。

善照寺砦跡（緑区鳴海町砦）

鳴海城と同じ丘陵の東端に立地する。鳴海城が字「城」、東隣の鳴海小学校が字「矢切」、そしてその東の字「砦」へと続く。『尾張志』は東西二四間（四三メートル）、南北一六間（三〇メートル）の規模を記す。『尾張名所図会』は丘の上に砦跡を描き、現在は「砦公園」になっているが、遺構は確認されていない。『信長公記』では丹下砦から佐久間信盛が守る善照寺砦に移動し、ここに将兵を集結、陣容を調え戦況を見極めた。この高台から低地の中島砦へ移動しようとして、家老衆に必死にとどめられた、とある。

この字「砦」地区の北に、有名な鳴海球場があった。いまは球場の輪郭のままそっくり「名鉄自動車学校」になっているが、昭和二年に球場として誕生し、昭和一一年に東京巨人軍対名古屋金鯱軍が対戦した最初のプロ野球も、ここで戦われたのである。昭和三三年（一九五八）に閉鎖された。

中島砦（緑区鳴海町下中）

扇川《おうぎがわ》に手越川《てこしがわ》が合流する地点の内側に、両川を利用して築かれた砦。名鉄鳴海駅の東口（有松寄り）を出て扇川沿いを東へ歩き、手越川と合流する地点に架かる「下中橋」を渡ると、右手に石碑が見える。フェンスの扉を開けて、近くで見ることができる。

『寛文覚書』では砦の規模を「東西拾五間（二七メートル）南北弐拾間（三六メートル）」とする。扇川（古名「黒末川」）は東郷町との境に近い白土《しろつち》から西流し、天白川に合流する手前で手越川を併せる。手越川は名鉄本線あるいは旧東海道と縺《もつ》れるように流れ、瑞泉寺の南で扇川に合流する。この中島砦から主戦場になった桶狭間まで三キロメートル余の距離、家老たちは中島砦へ下ることを必死に止めたというが、決戦を挑む以上低地の不利な

中島砦跡の碑

砦公園（善照寺砦跡とされる）

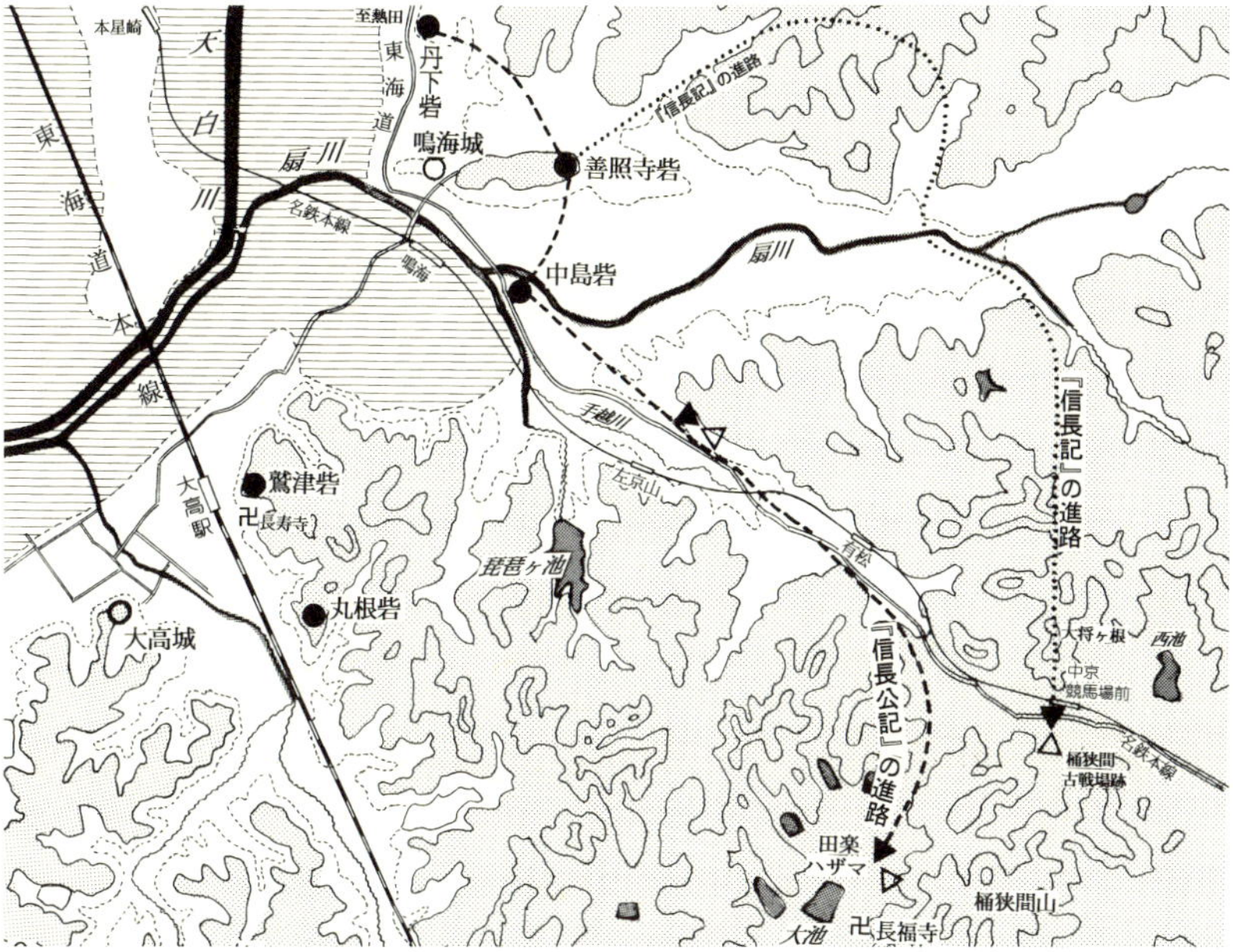

桶狭間の合戦関係図

どといってはおれない。さらに接近する必要がある。中島砦から出撃する将兵に向かい、信長は「味方は少数だが新手の兵である。勝敗の運は天にある」と鼓舞した。このあと天は味方し、突然の激しい雨が桶狭間の一帯に降り注いだ。

◇いまもつづく戦い「桶狭間古戦場跡」

桶狭間の戦いは疾《と》うのむかしに終わったが、いまも続いているのが「桶狭間古戦場跡」の本家争いである。新訂版『名古屋の史跡と文化財』（名古屋市教育委員会）は「古戦場伝説地」として次の二つを挙げる。一つは名鉄本線「中京競馬場前駅」南の史跡「桶狭間古戦場伝説地」（昭和一二年国指定、豊明市栄町南舘十二）、もう一つは其処《そこ》から南西に一キロメートル余離れた長福寺北の「田楽《でんがく》ヶ窪《がくぼ》」（名古屋市緑区有松町桶狭間字広坪）で、「いずれも確証を欠くが、現段階では合戦場は両地域を含み、丘陵と挟間の入り組み合った広地域にわたるものと推定される」としている。公的機関の刊行物として、どちらも傷つけない配慮がうかがえる。

今川義元側二万五千（『信長公記』は四万五千とする）と織田信長方二千の軍勢、併せて三万人弱は、生半可な数字ではない。仮に彼らが一〇列縦隊で行進したとしても、行軍の長さは一キロメートル以上、先頭が緑区の古戦場伝承地に達したとき、殿《しんがり》は豊明市側の伝承地にいる。実際「古戦場」ということだけなら、ハザマ地形（谷地形）の各所が候補地になる。筆者は戦国史が専門でもなく地元の地理に明るいわけでもないが、緑区の桶狭間に古くからある長福寺のご住職が、高校教員時代の同僚であり、数年前に桶狭間合戦について資料をいただいた。その縁もあってまったくの素通りというわけにもいかない。以下、聊《いささ》か思うところを書き留めておく。

歴史の記述はすべて史料にもとづく仮説であり、研究者の支持を得ることで定説化するが、それでも新しい史料の発見でひっくり返されることがある。ただしひっくり返されるのは主に「解釈」の部分で、史料そのものではない。史料が一級品であれば、その上に立つ仮説は長く命脈を保つ。

長福寺山門

「桶狭間合戦」に係わる史料で最も信頼度が高いのは、太田《おおた》牛一《ぎゅういち》の『信長公記』である。太田は信長の側近のお弓衆で合戦参加当時は三四歳、首巻の「今川義元討死の事」は活字本でわずか六頁の記事だが、合戦に関する唯一の「実録史料」である。以下要約しておく。

○永禄三年（天文廿一は誤り）五月一七日条に、「（一七日に）今川義元が沓掛《くつかけ》城入りした。一八日夜に大高城へ兵糧を運び、一九日に織田方の砦（鷲津《わしづ》、丸根《まるね》）を攻撃するのは必定《ひつじょう》」と佐久間盛重（丸根）、織田秀敏（鷲津）から清洲へ報告が入ったが、一八日の信長は雑談に興じ、夜には皆を引き取らせた。家老たちは「運の尽きるときはこんなもの」と信長の対応に呆れながら帰宅した。

明け方「いま鷲津、丸根砦は攻撃を受けている」との一報が入ると、法螺貝を吹かせ、自ら幸若舞「敦盛《あつもり》」を舞い、鎧を着け、立ったまま湯漬をかき込み、兜を被《かぶ》ると、主従六騎で清洲城を飛び出し、熱田までを一気に駆けた。従う雑兵二百、熱田から両砦陥落の煙を確認するや、「なるみ潟」の上ノ道を辿り丹下砦へ、続いて善照寺砦へ向かう。このとき今川方の兵は桶狭間山で休息していた。信長の出陣を知り、勢いづいた佐々成次《さっさなりつぐ》ら三百人が今川方へ攻撃を仕掛けたが、逆に五〇人討取られ、義元は悦に入っていた。

信長は、善照寺砦から扇川《おうぎがわ》ほとりの中島砦へ移動を命じた。家老たちから「敵に丸見えで人数を知られてしまう」と止められたが、構わず進めた。この時の軍勢は二千人、さらに中島砦から前進しようとし再び諫止《かんし》されたが、信長は「敵は疲弊した兵、我が軍は新手《あらて》、勝敗の運は天にある、寄せたら引け、退《しりぞ》いたら追え」と大音声に呼ばわり軍を進めた。

山際まで来て突如激しい風雨に見舞われたが、雨は北西を向いて陣を張る今川勢の顔面に打ちつけた。雨が上がるのを合図に敵陣へ打ちかかると、敵はどっと後ろへ崩れ、義元の朱塗りの輿《こし》も捨てて逃げた。敵の本陣では義元を三百名の旗本が丸く囲んでいたが、数度の攻撃に最後は五〇騎ほどになり、信長も馬を捨てて突き進み、ついに毛利良勝が義元の首を取った。

《おけはざまと云う所は、はざまくみて、深田足入れ、高み・ひきみ茂り、節所と云うこと限りなし》

このあと清洲へ帰陣、日のあるうちに着いた。翌日三千の首実検をし須賀口に義元塚を築かせた。鳴海城に岡部元信が立てこもっていたが、降参したので一命を助けた。敵方は大高、沓掛、池鯉鮒《ちりゅう》（知立市西町、知立神社南二〇〇メートル、知立神社神主の永見氏居館跡、桶狭間合戦後焼かれる）、鴫原《しぎはら》（知立市上重原《かみしげはら》本郷、名鉄重原駅辺）の各城から退散した。

以上が「桶狭間合戦」記事の要約である。

この記事には、東方の大将ケ根方面への迂回作戦も、桶狭間山背後からの奇襲攻撃も述べられていない。迂回すれば、いきおい豊明市側へ回り込むことになる。しかし記事を読む限り、中島砦から最短距離で今川方本陣へ進んだように思われる。原文の部分は戦場の足場の悪さを表現していて、「はざまくみて」（低い谷が入組んで）、「深田足入れ」（深い田に足を取られ）、「高み・ひきみ茂り」（灌木が高く低く茂り）、「節所と云うこと限りなし」（この上ない難所である）とあり、一言でいうと「桶狭間と云うのは、何とも仕様のない処」なのである。兵法も作戦も通じない、泥まみれのなかで、気力のみが物をいう。おそらく今川義元の助かる方法はただ一つ、できるだけ早く退き、戦場を広い高所に移すことであった。それをせず、人数の優勢が通用しない場に最後まで踏みとどまった。

「二千の軍が、なぜ二万以上の兵力に勝ったのか」、この疑問に答えるため奇襲攻撃が考えられ、そのための迂回作戦が考えられた。その最初が、『信長公記』を下敷きとし「その漏脱を補訂した」

と自負する『信長記』で、「敵勢の後ろの山に至り」「山際までは旗を巻き忍び寄り」などと、原本にないことを書き足している。『信長記』の著者小瀬甫庵《おぜほあん》は合戦の四年後に生まれ、戦いを経験していない。補訂の理由を『信長公記』が「粗記であり、その記述が朴にして約のため」としている。失敬な話であるが、それはさて置き、甫庵の『信長記』は江戸初期の元和八年（一六二二）以来、寛永、寛文、安永と板行が重ねられ、江戸時代に桶狭間合戦記といえば、この甫庵本を指したのである。原本だったはずの『信長公記』は、ようやく明治に入ってからの出版であった。

その最初は明治一四年の『我自刊我書《がじかんがしょ》』本（古書の保存普及を目的としたジャーナリスト甫喜山景雄《ほきやまかげお》編集の叢書）で、そのとき町田家本の『信長公記』をベースにしたため、以後その書名が一般化した。ただし諸伝本の全体では『信長記』の外題が多いという。その後編纂された『改訂史籍集覧』（明治四三年刊）も『我自刊我書』本の再録であった。こうした経緯に加え甫庵の『信長記』と区別する必要があって、太田牛一のそれを『信長公記』と呼ぶ。なお書名の読みは「のぶながこうき」「しんちょうこうき」のどちらもある。

田楽ケ窪の古戦場跡公園（名古屋市緑区）

桶狭間古戦場跡の碑（豊明市）

二つの「古戦場遺跡」のうち豊明市の古戦場指定は、江戸時代以来の『信長記』の流れを汲むのに対し、緑区桶狭間の主張は『信長公記』に沿ったもので、近年、原史料を重視する研究者の支持が高い。ただし前者を全面否定する必要はない。甫庵の功罪はともかく、江戸以来様々な人によって語り継がれ、肉付けづけされたストーリーには、伝承としての独自の価値を認めるからである。

太田牛一の出身地は春日井郡の安食《あじき》（成願寺という）で、同じ春日井の住人であることを桶狭間説支持の理由にしようと考えていたら、小瀬甫庵も「尾張春日井郡の人」とあり、困っている。

鳴海宿の散策

鳴海《なるみ》宿《しゅく》は東海道五十三次の四〇番目の宿場。江戸から八七里余（約三五〇キロ）、ひとつ前の池鯉鮒《ちりゅう》宿から二里半余（一一キロ）、次の宮《みやの》宿《しゅく》まで一里半（六キロ）、池鯉鮒との間は山林が続き物騒だから間《あいのしゅく》宿として「有松の町」を拵《こしら》えたところ、思わぬ名産を生み出した。「有松絞り」、これを「鳴海宿」でも売り出したところ、次第に全国に知られるようになった。

鳴海宿は天保の頃で家数が八四七軒、本陣一軒に脇本陣二軒、旅籠は六八軒。本陣は代々西尾氏（寺島）が務めたが、幕末の嘉永年間に下郷氏（千代倉）に代わった。宿場の中心は本町《ほんまち》から根古屋《ねごや》、「町並み」は北の外れが代官所の置かれた丹下《たんげ》で、東の外れが瑞泉寺の少し先の平部《ひらぶ》、延べ一キロ半以上ある。

鳴海城跡

鳴海城は応永年間に安原備中守宗範《むねのり》が築いた。根古屋《ねごや》城ともいう。『寛文村々覚書』では東西九二間（一六六メートル）、南北二〇間（三六メートル）と、かなり東西に細長い。『尾張志』は東西七五間、南北三四間とする。蓬左文庫の鳴海村古城絵図（市博図録『尾張の戦国時代』二〇〇七年に掲載）を現在の地図に重ねると、城跡公園の東に隣接する「鳴海コミュニティーセンター（保健所から平成一一年転用）」が本丸の位置になる。この北西崖面からは奈良～平安の軒丸、軒平瓦が採集されており、古くは寺院があったと考えられる。崖の上面は周囲より二～三メートル高く、本来の本丸の高さを保っているのかもしれない。

城の規模は、県道を挟んで東の円龍寺辺りまで外郭が広がっていたらしく、円龍寺本堂の再建時の発掘調査で、濠の一部が検出されている。調査結果からは東西長の一七〇メートルは誇張でない。それに比し南北幅の狭いのが気になるが、巾については『尾張志』のいう三四間（六二メートル）の方が良いのかもしれない。

当地を領した安原宗範は足利義満の幕下で、築城に当たって敷地内にあった成海神社を、北方の「字乙子《おとこ》山《やま》」に移した。元の成海神社の位置に、いま天神社が建つ。先の古絵図の城郭内にも天神社が書き込まれていて、現位置に近い。

宗範の家老に花井右衛門と久野重太夫がいて、花井一族の住んだ場所はいま「字城《しろ》」の北に「字花井町」として残る。花井町ではいまも花井姓を見かけるが、花井右衛門の子孫は名古屋城下に移り、惣町代を務めている。なお同町の長翁寺《ちょうおんじ》には、もう一人の家老久野重太夫の墓がある。宗範の方は、応永一一年に瑞泉寺の前身となる瑞松寺を建立し、ここを菩提寺とした（瑞松は宗範の法名）。

宗範没後、鳴海城は廃城になったが、のちに織田信秀が城を回復し山口教継《のりつぐ》・教吉《のりよし》父子に守らせた。信秀の没後山口父子は今川方へ通じ、やがて今川の猛将岡部《おかべ》五郎兵衛元信《もとのぶ》（?～一五八一）がこの城に配され、今川方の前進基地となった。

岡部元信は、永禄三年（一五六〇）の桶狭間合戦でよく城を守った。大将の義元が討たれても抵抗を続け、主君義元の首と引き換えに、ようやく城を明け渡した。しかし駿河に引き上げる途中、腹の虫が治まらなかったのか刈谷城を急襲、城代水野信近（忠政の子）の首を討ち取った。今川氏の滅亡後は武田氏に仕え遠江の高天神城を守備、天正九年に家康方の攻撃を受け、華々しく討ち死にした。

鳴海城跡の公園から、崖下の如意寺に向かう。

如意寺《にょいじ》の時の鐘

まず、如意寺の縁起話から……、藤原元命《もとなが》といえば『尾張国郡司百姓等解文《ぐんじひゃくせいらげぶみ》』（九八八年）で糾弾された尾張国の国司で、多くの百姓たちの恨みを買った人物、必ず教科書に載る有名人物だ。住まいは稲沢の国衙《こくが》だろうが、当地の伝承では鳴海宿辺に住んでいたらしい。元命は夜な夜な女性のもとに通っていたが、ある夜小さな流れを渡るとき氷が張りつめていたので、郎党に命じ近くの卒塔婆《そとば》を引き抜き、橋代わりに使った。卒塔婆には地蔵菩薩が彫りつけてあった。ほどなくして元命と従者の為家

字城の城跡公園（鳴海城跡）

如意寺山門

が急死し、閻魔大王の前に引き出され地獄行きとなるところ、地蔵菩薩が出てきて様々に詫びを入れてくれ、お蔭で息を吹き返した。しかし元命は以後も非道を繰り返し、国司を罷免されついに餓死した。一方の為家は、改心して地蔵信仰に目覚め、六角堂重層の伽藍を建てて階上に二八体の地蔵を納め、中尊として丈六の地蔵を安置した（『地蔵霊験記』）。

『塩尻』に天野信景《さだかげ》が記す話は少し異なっていて、改心したのは元命自身であり、彼は仏師定《じょう》朝《ちょう》に頼んで丈六の地蔵を彫って貰い、伊福《いふく》神社（其の跡絶えて不明）の側《かたわ》らに安置、のち後冷泉《ごれいぜい》帝のとき堂を建て鳴海寺と称した。山号を青鬼山《しょうきざん》としたのは元命が青鬼に犯されたことがあったからという。後冷泉といえば西暦一〇五〇年前後、元命より少し後になる。創建時の如意寺は青鬼山地蔵寺と称し、山手の方に在ったが、弘安五年（一二八二）長母寺《ちょうぼじ》の無住国師《むじゅうこくし》がこの地に移転再興し、頭護山《ずごさん》如意寺とした。

如意寺の六世住職が文英和尚、俳号を如風といい、鳴海の蕉門六歌仙の一人である。やがて正徳二年（一七一二）、幕府の命でこの寺に「時の鐘」が置かれ、時刻を知らせた。しかし一〇年ばかりで知多郡の大御堂寺《おおみどうじ》に売却、さらに常滑の正住院に移った。売却の理由は吉宗の倹約令にあるという。家宣のときに鋳た鐘を「享保の改革」で手放すことになったわけだ。時の鐘の銘文は『塩尻』の著者天野信景《さだかげ》が撰し、朝日文左衛門はこのことを、『鸚鵡籠中記』に記している。

〇去年、関東の令によりて海道の諸駅「時のかね」を置き、辰《とき》を守らす。あるいは撃柝《げきたく》にて時を告ぐ。清須は去るころ清涼寺に鐘出来《しゅったい》す。銘は柴山百助《ひゃくすけ》（清須の御代官なり）、今月鳴海の時鐘を鋳る。護頭《ママ》山如意寺に懸《か》かぐ銘は、三宅善八請うによりて天野源蔵作る。年号の下に天野信景謹銘と書し、邑宰の三宅善八藤原重行、護頭九葉、海岑和尚および鋳匠の名、御国奉

行の姓名を書きつらぬ。(正徳二・七・六)

このことを裏付ける記事が、『塩尻』(巻之九十)にある。

○正徳二年七月、鳴海の宿にも辰《しん》鐘《しょう》を鋳さしめ給い、如意寺に掛《かけ》させまします。(鳴海宿庄屋の)重行、予に其の銘を書せんことを請《こ》えり。我不才をかえりみず、草して送り侍る。

尾州路愛知郡鳴海駅分時鐘銘

繋命鳧氏　丕掌範挺　聲々合律　韻々以圓　鳴海餞月　蓬島望仙　視聴更得

宏基永固　君徳萬年　正徳二年歳次壬辰秋七月　天野信景謹銘

むつかしい銘文だが、「命を受けた鳧氏《ふし》(鐘を鋳る名人)が、ふくよかな形に鐘を鋳出《いだ》し、その音色は素晴らしく、鳴海から月を餞《はなむけ》に、遥か蓬莱の名古屋まで届き云々…」といった吉祥句として読んでみたが、どうだろうか。

享保二年の五月、関東からの上使を迎えるため、藩の重臣が鳴海まで出迎えた。その一員に加えられた信景《さだかげ》は、鳴海神社に参拝したあと、以前鐘銘を撰した如意寺を尋ね、和尚の案内で鐘楼《しゅろう》に上り鐘を実見した。《藻汐草　書きおく海士《あま》の　かたみとも　我から見つる　水茎のあと》の一首は、このとき詠まれた歌である。(『塩尻』巻之六十七・享保年)

如意寺の前の道は東海道である。東へ進むと高札場(本町交差点)の手前右手に西尾氏が務めた本陣跡がある。字根古屋《ねごや》町の西半分を占める広さで、いまも菊野園製菓舗の屋根に、本陣長屋門の屋根の一部が残されていると案内書にあるが、まだ確認していない。

西尾氏は吉良氏の末流。西尾吉次《よしつぐ》は家康に仕え、その子孫は遠江国横須賀(静岡県大須賀町)三万五千石の城主として、明治まで存続した。その同族の西尾光重《みつしげ》は、美濃の揖斐村に五千石を領したが、子の四郎左衛門が秀吉に仕え、大坂城落城後は鳴海村に隠棲した。しばらくは徳川氏をはばかって「寺島伊右衛門」を称したという。のち代々鳴海宿の本陣を務めるようになったが、芭蕉の弟子として知られる寺島安規（業言《ぼくげん》）も、その一人である。彼は晩年に西尾姓に復している。

誓願寺（緑区鳴海町根古屋）

本町交差点（高札場）の南北道を多治見街道というそうだが（『緑区の歴史』）、その交差点に近い西側に来迎山誓願寺《らいごうさんせいがんじ》がある。誓願寺は天正元年（一五七三）の創建で、開基は俊空。鳴海の豪農下郷《しもざと》（千代倉）家の菩提寺である。境内にある芭蕉供養塔は元禄七年（一六九四）一〇月、すなわち芭蕉の没後一カ月に建てられた。むろん芭蕉供養塔としては最古のもので、この地の門人たちの芭蕉への熱い思いが伝わって来る。もと如意寺にあった。

もう一つ、安政年間（一八五四〜六〇）に永井士前（永井荷風の祖父）ら塊翁《かいおう》門下（井上士朗高弟の竹内竹有《ちくゆう》の門下）一二人の連衆により、誓願寺境内に「芭蕉堂」が建てられた。なかに安置された芭蕉像は、寛政三年（一七九一）の台風で倒れた杉の古木（芭蕉の手植えと伝える）を彫ったものという。芭蕉堂の手前に置かれた供養塔

誓願寺山門

誓願寺の芭蕉供養塔

は、想像しているよりはるかに小さかったが、姿の良い石である。

瑞泉寺（緑区鳴海町相原）

曹洞宗の龍蟠山瑞泉寺《りゅうばんざんずいせんじ》は、永徳元年（一三八一）大徹宗令《だいてつそうれい》が、鳴海の平部山《ひらぶやま》に結んだ庵がルーツとされる。のち足利三代将軍義満が大徹に帰依して二〇町の田を寄進、時の鳴海城主安原宗範が伽藍を建立し、当初は宗範の法号をとって瑞松寺と称した。文明元年（一四六九）兵火に罹り焼失、文亀元年（一五〇一）に現在地に再建、江戸の正徳年中に現在の寺号「瑞泉寺」に改称した。二〇世呑舟《どんしゅう》（中興の祖）の宝暦五年（一七五五）、鳴海の下郷《しもざと》氏の援助で伽藍を完成させ、『尾張名所図会』に描かれるほどになった。江戸時代の堂宇がこれほど揃って現存するのは珍しいとされる。山門は宇治の万福寺を模したもので、県指定文化財。先の中島砦から近く、名鉄線鳴海駅の東口から出れば、一〇分とかからない。下中橋辺りから眺めると、その全貌はまるで城である。

絞りの町「有松」へ

鳴海から二キロ東へ歩くと、「有松《ありまつ》絞《しぼり》」で知られる有松の古

瑞泉寺山門

い町並みに至る。名鉄本線での移動なら、間に一つ「左京山駅」を挟む。有松は鳴海と池鯉鮒《ちりゅう》間に設けられた間宿《あいのしゅく》で、宿泊施設のない茶屋集落である。二宿の間（一二キロ）は小山と松林がつづき、何とも物騒な処だったらしい。藩のお声がかりで開かれたものの、当初は桶狭間村の支村の扱いだった。

猿猴庵《えんこうあん》の本に『東街便覧《とうかいべんらん》図《ず》 略《りゃく》』（名古屋市博物館刊）がある。猿猴庵とは三〇〇石取りの尾張藩士高《こう》力種信《りきたねのぶ》（一七五六〜一八三一）のことで、『尾張名陽図会』の著者としても知られる。表題の「東街」とは「東海」の当て字で、要は熱田から江戸までの「東海道案内記」である。「東海道もの」で有名なのは秋里《あきさと》籬島《りとう》（?〜一八三〇頃、読み本作者、京都の人、『都名所図会』の他俳書・作庭書など）の『東海道名所図会』だが、それより二年早い寛政七年（一七九五）に描かれた。

この『東街便覧図略』の冒頭には熱田社前の「源太夫社」が描かれ、次の「鳴海」は鳴海潟、そして有松では「有松しぼり店」が描かれている。「竹」の字を染め抜いた日よけ暖簾がかかる店先に、旅の男性客が腰をおろし絞《しぼり》染めの品定めをしている。そこへ通りがかった女性が「見事な店じゃ」と呟《つぶや》く、そういう絵が描かれていて、「竹」の字は有松絞の創始者竹田庄九郎を示す。解説文に「近郷の民家より、此のしぼりをなして爰《ここ》に出《いだ》す。いずれも風流を尽せり。本より当所は清水にして、染物の艶《つや》、他に勝れたれば、名物とす。是より江都迄の間、か程見事なる店はなし。東海道第一の壮観《みもの》ともいふべし」とある。

『尾張国地名考』では「有松村（中島郡に同名の村あり）。名物絞《しぼり》染《ぞめ》、江戸では鳴海しぼりという」と記し、つづいて「有松《ありまつ》」を「新町《あらまち》」の転訛と説明している。転訛説を否定する意見もあるが、津田説が捨てがたいのは、有松は「藩の呼びかけ」に応じて開かれた「新立《しんりつ》の村」だからである。江戸初期に「東海道五十三次」の整備が行われ、有松辺りにも一里塚（町並みの西外れ、祇園寺近くにある）が建てられて間もなく、尾張藩から次のような触書が出された。

〇知多郡の内　桶狭間村　新町《あらまち》の儀、諸役令を　免じ許し候間　望《のぞみ》の者有れば　彼の地へ越さるべき者也、仍《よ》って件《くだん》の如し。　慶長一三年（一六〇八）二月　寺西藤左衛門・原田右衛門。

知多郡内の住民に対し「桶狭間村の支村を開くから、移住を希望する者は申し出よ、特典として税を免除する」というのだ。最初に移住に応じたのは竹田庄九郎ら八人であった。このあと七人、十四人と増え、一七年間で計二九家族が移り住んだ。移住者はすべて阿久比《あぐい》村出身だった。阿久比というと家康の生母於大《おだい》の方を連想する。兄水野信元が織田方へ付いたため刈谷の城に戻され、やがて阿久比の豪族久松俊勝《としかつ》と再婚した。のちに二人の間に生まれた康元、勝俊、定勝を家康は兄弟として扱い、松平姓を与えている。募集に応じたのが、偶々《たまたま》阿久比村の者だったのかもしれないが、あるいは阿久比の農民がとくに選ばれたのかもしれない。のちの有松住人に対する厚い保護策を考えると、後者もあり得る。

藩の援助が有ったにせよ、自立への道のりは険しかった。そんなとき、慶長一五年（一六一〇）から始まった名古屋城の普請が彼らを救った。石垣工事は年末までに終わったが、堀川の掘削は翌年までかかり、三の丸濠の完成は、慶長一九年（一六一四）である。何とか日銭が稼げる。このとき石垣普請の助役に二〇の西国大名が動員されたが、なかでも多かったのが豊後の大名で、高田の竹中隆重《たかしげ》、日出《ひじ》の木下延俊《のぶとし》、臼杵《うすき》の稲葉典通《のりみち》がいる。その足軽か農民が普請に参加していて、彼らが着ている作業着の絞《しぼり》模様が庄九郎には珍しかった（絞りの手拭いともいう）。尋ねると故郷《クニ》ではありふれた染めという。つまりのちの豊後絞《ぶんごしぼり》のことだ。庄九郎は使い古しを男から譲って貰うか、あるいは製法を教えられたのだろう。西国大名は石垣工事の終了時に引き揚げているから、この絞との出会いは慶長一五年中のことと思われる。

絞りの技法

庄九郎には珍しかったが、絞り自体決して特別な技法ではない。インドやインドネシアやアフリカなど世界中で自然発生的に生まれていて『日本書紀』にも載るという。管見では連想させる記事として「景行四年の美濃国行幸」がある。ここに出てくる「泳宮」を「区玖利能彌揶《くくりのみや》」と読ませていて、「九九利染《くくりぞめ》」が思い浮かぶ。

『日本姓氏大辞典』（角川）では「くくり」姓の表記に「久久利・久久里・久々利・八十一鱗・泳・纐纈」を宛て、「きくとじ・こうけつ・はなぶさ・ゆはた、などと読む。美濃可児郡久々利邑発祥。清和源氏の土岐一族」としている。纐纈を「くくり」と読ませることに成程と感心したが、もともと飛鳥・奈良時代の絞り染めを「纐纈《こうけち》」といい、そこから「括《くく》り」の読みが生じたのだろう。

可児市久々利の北に隣接する可児郡御《み》嵩《たけ》町中《なか》地区には「纐纈神社」（名鉄広見線「御嵩口駅」スグ）があり、近くには可児大寺《かにのおおてら》（願興寺）がある。境内から白鳳期の瓦を出す古寺で、平安末期兵火に罹《かか》ったとき、当地の地頭纐纈氏が帰依し、寺を再興したと伝える。つまり「久々利・纐纈」は読みが共通するだけでなく地域も共通し、纐纈氏の出自が古く染物にかかわっていた可能性もある。かつて『万葉集』の「八十一隣《くくり》の宮」の歌について「尾張海人《あま》族の妻問い歌」の視点から論じたことがあり（「第一八回春日井シンポ」誌上参加稿）、そのときは「泳《くくり》」から「池の鯉の水潜《くぐ》り」を連想することはあったが、染物には考えが及ばなかった。

話を戻そう。庄九郎は帰村後さまざまに試行錯誤を繰り返し、ようやく蜘蛛の巣に似た文様の手拭いを染め上げた。当初は軒先に吊るし、街道を旅する人が偶《たま》に買い求める程度だったが、寛永初年頃（一六二四〜）に「鍛絞《しころしぼり》」（手綱絞）が考案され、白に紺の「だんだら染」として主に手綱に用いられた。寛永一八年（一六四一）、二代尾張藩主光友公のはじめてのお国入りのとき、「九九利染」の手綱を献上して大層喜ばれたという。山賊でも出そうな寂しい間宿《あいのしゅく》に、新しい産業の育っていくのが嬉しかったのだろう。その後承応年（一六五二〜）になって、豊後の医師三浦玄沢が有松に移住し、彼の妻によって有松村の主婦たちに新しい精緻な文様の「三浦絞り」（豊後絞り）が伝えられ、有松絞にとって一つの画期になった。

　さらに延宝八年（一六八〇）、綱吉の将軍就任時に光友から絞りの手綱が献上され、大いに称賛されたという。有松絞の名は、次第に世に知られるようになった。古くから絞り業を営んだ商家で、今その名の伝わる家に、竹田庄九郎家（竹屋、中竹）、竹田林三郎家（嘉七郎、嘉平、

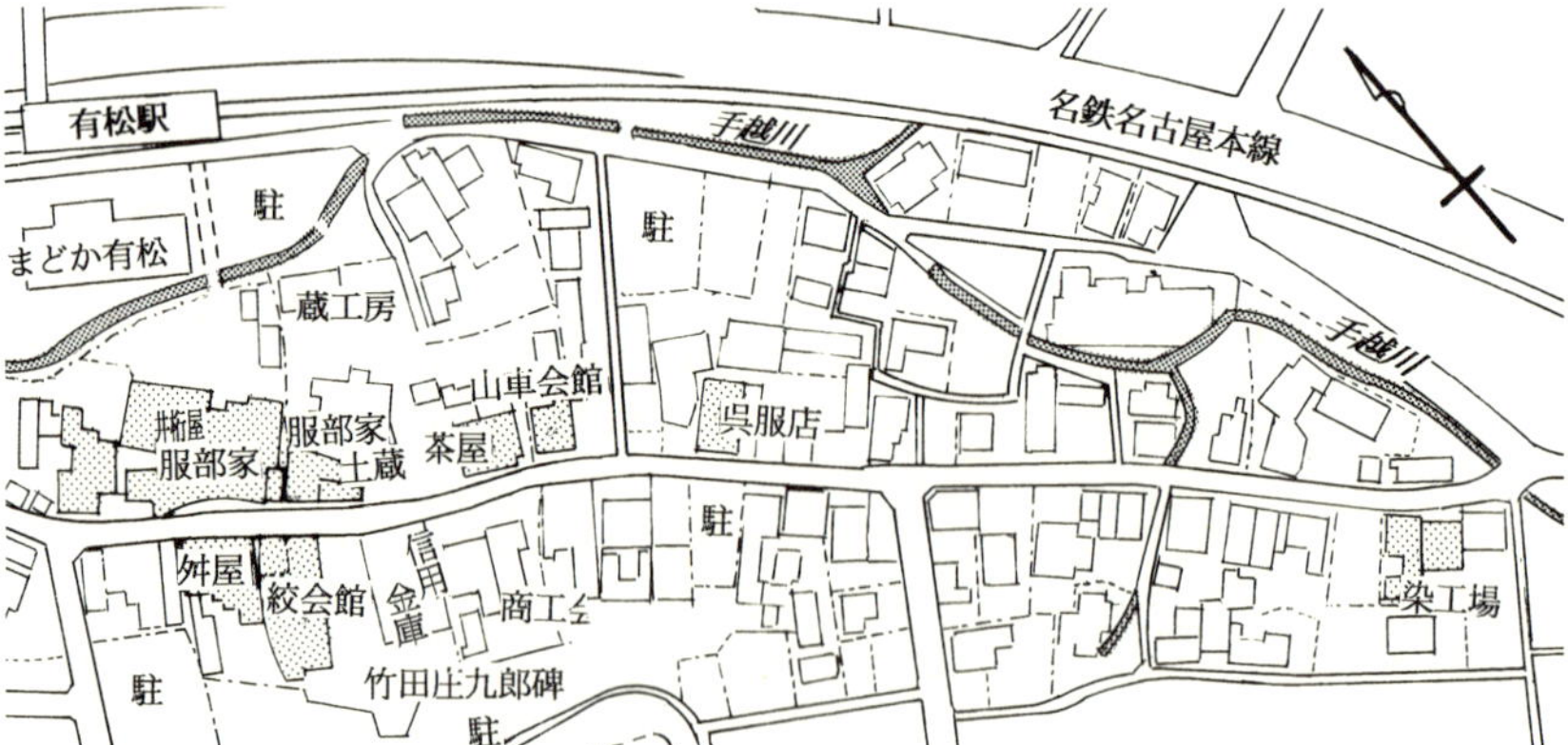

東海道「有松」間宿の町並み（東）

笹屋）、小塚善兵衛家（山形屋）、服部孫兵衛（井桁屋）、山口喜三郎（舛屋）、久田伊左衛門（橋本屋）などがある。

有松町めぐり

名鉄本線「有松駅」下車、高架の駅を降りると、すぐ目の前が「有松の町並み保存地区」である。東端の松野根橋《まつのねばし》から西は一里塚手前の祇園寺まで、緩《ゆる》く蛇行しながらおよそ八〇〇メートルつづき、有松駅はその中ほどに位置する。天明四年（一七八四）、町並みの大半を焼き尽くす大火に襲われたが、藩の全面的なバックアップがあり、桟《さん》瓦《がわら》葺《ぶき》、塗籠《ぬりごめ》造《づくり》、海鼠《なまこ》壁《かべ》の火災に強い町に造り替えられた。

中濱家住宅

名鉄線に直交する県道二四三号は、町並も東西に二分する。その交差点から東へ進むと、左手に中濱商店の古い建物が目に入る。主屋が登録文化財で、敷地は広大である。有松駅を出て直ぐ、高い位置から敷地のほぼ全体の見渡せる場所があり、そこから望めるのが

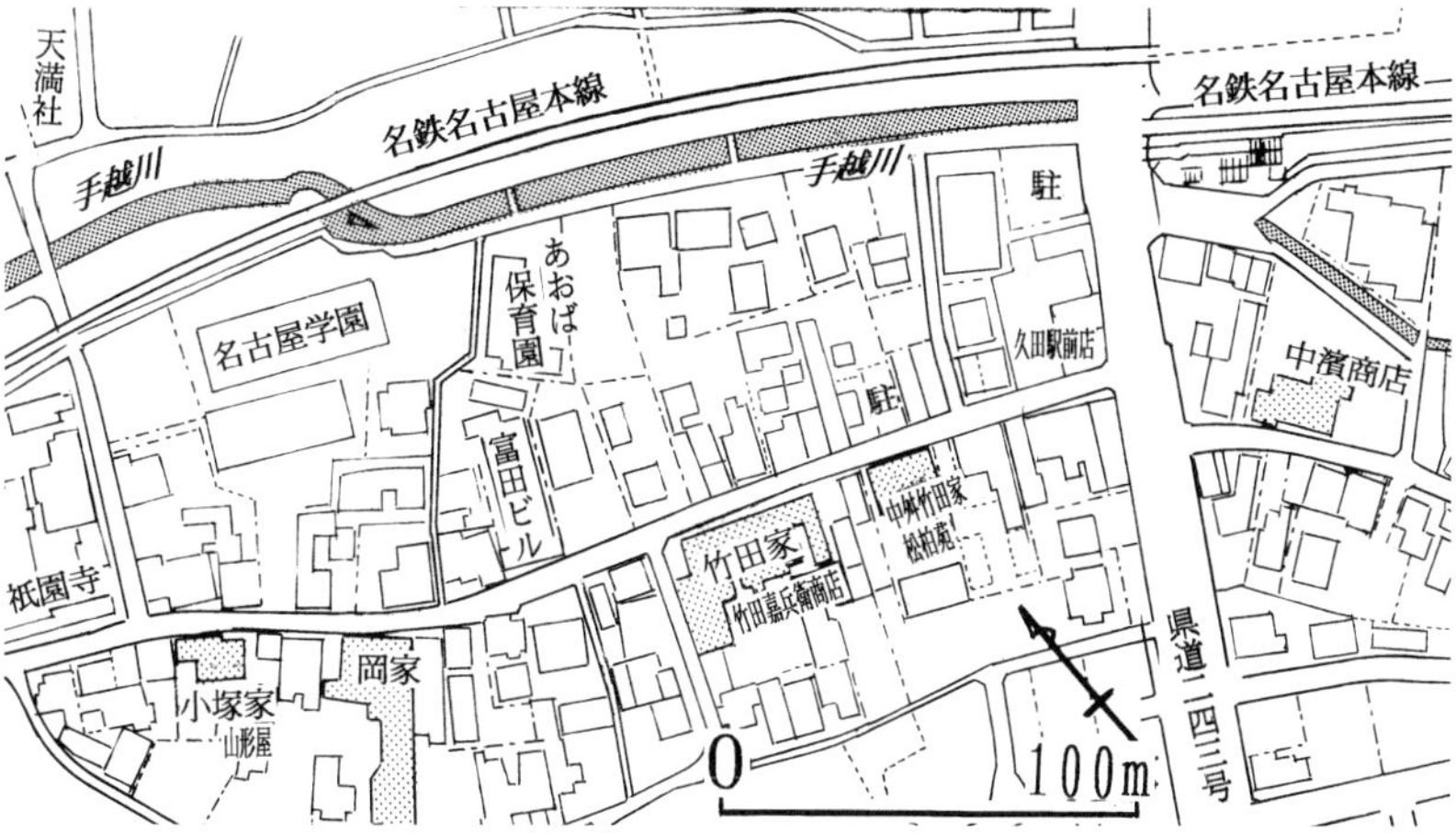

東海道「有松」間宿の町並み（西）

この中濱家で、塀の外側を手越川が流れている。中濱家の東隣が服部家である。

服部家住宅

東海道を挟んで向かい側にあった服部家本家の「大井桁屋《おおいげたや》」（現、棚橋家住宅、登録文化財）から、寛政二年（一七九〇）に分家した絞り問屋で、「井桁屋」を名乗った。主屋は木造二階建て、切妻造り桟《さん》瓦葺《がわらぶき》、一階は大戸と格子《こうし》窓、二階は塗籠《ぬりごめ》の格子窓で、屋根の両側に卯建《うだち》が設けられている。表と裏に原料や製品を入れる土蔵が六棟建ち、独特の景観をつくっている。ほかに門、長屋二棟、井戸屋形があり、広大な敷地を占める。建造はいずれも江戸末期から明治にかけて。昭和三九年に愛知県指定有形文化財。

服部幸平家住宅の倉

服部幸平《こうへい》は井桁屋六代孫兵衛の弟で、明治時代に井桁屋の東隣に家を建て分家した。その際本家「表倉」の隣に並ぶ倉（街道側に切妻を見せる倉）一棟を譲られた。二階建ての桟瓦葺で江戸末期の建造。一、二階とも街道側に窓を開け、切石の土台の上に

中濱家住宅

服部家住宅

建つ白漆喰の塗籠造りで、腰はナマコ壁となっている。県指定文化財。

服部家の向かい側には山口家の釫屋や棚橋家が並び、その隣に「いっぷく茶屋」と「有松鳴海絞会館」がある。この会館は絞りと名の付く様々な品を揃え、手ごろな価格で販売している。二階に絞りの実演コーナー（有料）がある。

「竹田庄九郎」頌徳碑

絞会館の横が駐車場になっていて、その奥に「竹田庄九郎」の名を大書した碑と、横に頌《しょう》徳《とく》碑《ひ》が建つ。昭和八年の建碑で、石碑の題字は徳川義親《よしちか》公、頌徳の撰文は浅野哲夫氏とのことである。頌徳といっても同時に有松絞りの由来を述べているわけで、「尾藩が特産品奨励のため租税を免じ、代官所を置いたこと。参勤交代の途次や、伊勢参りの旅人が多く購入して発展したこと」を記している。しかし建碑から間もなく日本は太平洋戦争に突入、絞りの里にとっては最悪の時代を迎えることになった。貿易は途絶え、作っても売れない時代にあって、それでも技術を絶やさないために、最低限度の生産を続けたという。

「竹田荘九郎」頌徳碑

服部幸平家住宅の倉

竹田庄九郎と嘉平（笹加）の店

有松駅前の信号交差点を西へ進むと、左手に「ディサービス有松・松柏苑《しょうはくえん》」の看板を出す家がある。御影石に「中舛《なかます》竹田荘」と記され、「竹田庄九郎ゆかりの建物で、老朽化が進んで存続が危ぶまれたが、関係者の協力で有松まちなみ保存ファンド募金を活用し、改修した」とある。「中舛」は、二代目竹田庄九郎直治の弟四郎右衛門が分家して称した屋号である。ちなみに三代目直安の弟八郎左衛門が興したのが「西竹田（西竹）」、四代目直政は「東竹田（東竹）」を興している。また三代目の三男林三郎が分家独立した屋号が「笹屋」で、さらに林三郎の二男嘉七郎が分家し「笹嘉」を名乗った。明治になって嘉七郎家から竹田嘉平が出て、新たに絞り店を開き、屋号を「笹加」として近代的経営方針のもと、急速に業績を伸ばした。

竹田家は絞り染めの元祖だけあって、いくつもの枝葉に分かれた。中舛はそのうちでも古い分家で、幕末の町並み図を見ると、「竹屋本家」竹田庄九郎店の東隣に「中舛」竹田四郎衛門店が並んで建っている。この時点でまだ「笹加」はなく、同じ位置に「笹屋」竹田林三郎家がある。

この「中舛」だが、歴史的建造物の保存に熱心な名古屋市長の意見もあって、壊れかかった家が改修保存の方向に決まり、高齢者向けディサービスセンターとして再生したらしい。かつて県立旭丘高校の校舎保存運動にも名前が出ていたことを思い出した。先人の朽ちかけた遺産を前に、「まず保存を」と考える政治家は、いま少ない。

竹田家住宅

案内書には「竹田家住宅」と記載されている。竹田家一統はいろいろに枝分かれしたが、今はこの「笹加」が代表している。当主は八代目嘉平である。主屋は江戸末期の間取りも残るが、明治から大正にかけ改修されている。外観は一階が連子格子《れんじごうし》に海鼠壁《なまこ》、二階は黒漆喰《くろしっくい》による塗籠《ぬりごめ》造りで虫籠窓《むしこまど》が設けられ、有松の代表的商家のつくりとなっている。屋根に「ガス燈」の載っているのが珍しい。往来を淡く照らす程度の明るさはあったのだろう。

某日八代目夫人の中村俶子氏にお会いし、絞りについていろいろお話を伺った。大正時代に一室だけ改造したというレトロな雰囲気の応接間を通り、広い座敷に案内された。幕末にはお殿様一行が直接ここまで通り、土産物の品定めをしたという。庭に面した側に畳敷きの廊下が廻り、雪見障子越しに手入れの行き届いた庭と、その向こうに蔵が見える。五つほどあった蔵は維持が大変で減らしているのだという。蔵だけではない、これだけのお屋敷を保っていくのは、さぞ大変だろうと思う。ただ守っていくだけではなく、さらに絞り染めを発展させていく必要がある。そんなとき、これまで「有松絞り」の啓発活動の旗振り役をされてきた当主の弟さんが亡くなられた。その遺志なのか、新しくNPOを立ち上げ、有松絞りの歴史的な資料を収集する計画が進んでいるという。資料は年々失われていき、

竹田家住宅

中舛竹田荘

二度と甦らない。この活動をぜひ応援したいと思う。

帰りがけに上がり框《がまち》のところで、青い色鮮やかな絞り染の手拭いが飾ってあるのに気づいた。これが手綱にした「よろい段《だん》絞《しぼり》」だと教えられた。「よろい段」とは「しころ絞り」の一つで、数枚の鉄片を綴ったいわゆる「小札《こざね》」の段々模様のこと、尾張の殿様に献上したという「絞りの手綱」がずっと気にかかっていたので、たとえ手拭い仕立てでも構わない、早速買い求めた。今もこれを眺めながら、次に訪問する機会があったら、築一五〇年以上という茶室「裁松庵」を拝見したいと考えている。

岡家住宅

江戸末期の建築で、当時は丸屋《まるや》丈助《じょうすけ》の店として、小田切春江《しゅんこう》の錦絵にも描かれている。天和年代（一六八一〜）に井ノ口《いのぐち》村（稲沢市の南東端、清洲駅に近い）より移住し、屋号を「橋本屋」と称したのが久田伊左衛門、その橋本屋伊左衛門家から分家独立し、屋号を「丸屋」としたのが久田丈助、すなわち「丸屋丈助」である。

現在は岡家住宅となっており、正面の主屋の奥に座敷、作業場、そして土蔵なども建ち並んでいる。主屋は木造二階建て、切妻造りの桟瓦葺、正面に土庇《どびさし》（孫庇《まごびさし》）がつき、かつては中央に土間が入り込んでいた。側壁と二階の窓格子は土と漆喰で塗籠られていて、有松の幕末における典型的な町屋の形である。

小塚家住宅

小塚善兵衛家の「山形屋」は、竹田家と並ぶ古くからの絞り染商で、現存する建物は町屋建築としても古いものである。一階は連子格子と腰は海鼠壁、二階は虫籠窓になっていて、切妻の両側に卯建のある白漆喰の塗籠造りである。同家の柱には「駒止め」と称する鉄製の輪（鐶《かん》）が残り、改造も少なく、絞り問屋の古い形態をよく残している。

岡家住宅

小塚家住宅

四　尾張藩士の住宅街

朝日家の住まい探し

一〇〇石取りの尾張藩士朝日文左衛門は、元禄から正徳にいたる二六年間日記を書き続け、筆を擱《お》いて間もなく逝《い》った。四六歳の短い生涯は恐らく酒の飲み過ぎが原因で、晩年には黄疸症状がみられた。彼の日記『鸚鵡籠中記』は西暦一七〇〇年前後を知る史料として高く評価されており、活字本としても出版されている（『名古屋叢書続編』全四巻・市橋鐸・昭和四〇年）。内容は多岐にわたり量も半端でないが、これを手際よくまとめられたのが神坂次郎氏の『元禄御畳奉行の日記』（中公新書）で、昭和五九年の発刊以来版を重ね、今も本屋の棚に見かける。

そのなかに「朝日文左衛門の家は百人町《ひゃくにんちょう》にあり御《お》畳《たたみ》奉行になってから主税町《ちからまち》筋に引っ越した」とあり、同じ見解の書は他にもあって、昭和四、五〇年代当時の共通理解だったようだ。しかしこれは誤解で、朝日家は父の代から主税町《ちからまち》の住人であった。それに気付くまでずいぶん回り道をしたが、まずはその辺りの話からはじめよう。

神坂氏は「御畳奉行を拝命した文左衛門が百人町の同心屋敷を離れて、建中寺から善光寺街道（現、国道19号線）を越えた西の、三の丸に近い白壁町と撞木町の間《あい》の主税《ちから》町（四丁目付近）の、三百石クラスの屋敷に移り住んだことが嬉しかったようだ」と記され、引用した『尾府名古屋図』に「同心」

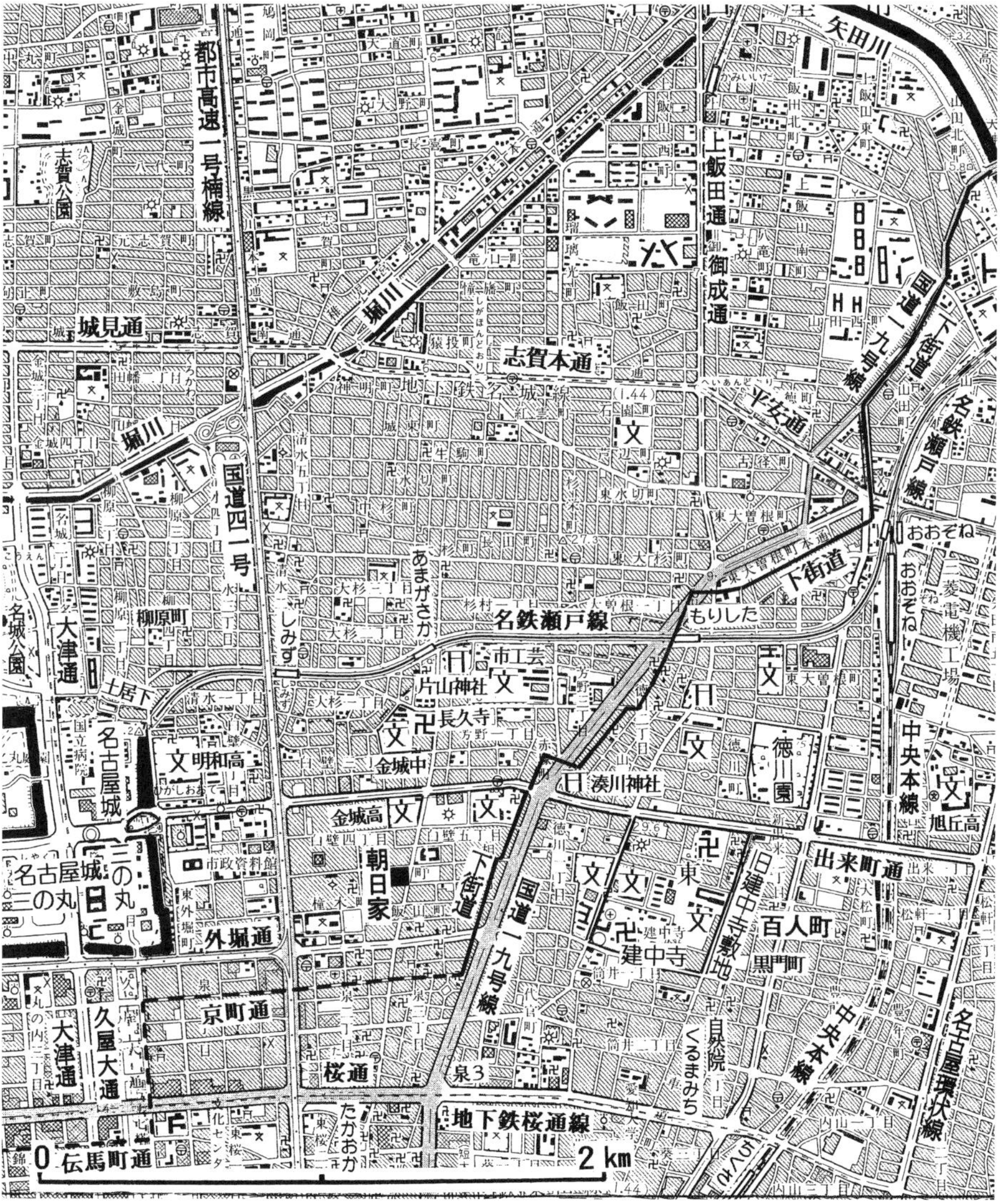

大曽根から千種にかけての地形図

（国土地理院2万5千分の1地形図使用）

時代と「御畳奉行」になってからの屋敷位置を印《しる》されている。『尾府名古屋図』とは、名古屋市の蓬左文庫（東区徳川町徳川園内）が所蔵する江戸中期の城下図（一五四・五×一六五センチ、宝永六年の書写年が注記）で、半分に縮小した複製図が販売されている。原図には一部付箋による改訂が施され、最終的な成立年は正徳四年（一七一四）頃、要するに一七一〇年前後の名古屋の様子を描いた地図なのである。貴重なのは屋敷地に藩士名が記されている点で、足軽クラスが住む百人町、黒門町、筒井町あたりは枠囲いの一括表示だが、お目見え以上の藩士が住む白壁、主税、撞木町などは、いまの住宅地図同様、居住者名が漏れなく記載されている。

その主税筋に面した南側に「朝日文左衛門」の名前があり、宝永・正徳期（一七〇四〜一七一六）に朝日家がここに住んでいたことがわかる。問題はここに住みはじめた時期で、神坂氏らがいわれるように「百人町に住んでいて、御畳奉行に就任してから引っ越した」のか、それとも「父の代からずっと主税筋に住んでいた」のか、ということである。塚本学氏がやはり『尾府名古屋図』を用い、「朝日文左衛門は定右衛門重村の子として、延宝二年（一六七四）に名古屋百人町辺に生まれ、生涯そこに住んだと解される」と記されている（岩波文庫『摘録鸚鵡籠中記』）。

百人町というのは、建中寺の東隣にあった「渡辺飛騨守百《ひゃく》人組《にんぐみ》御足軽」の居住地名に由来し、明治九年に町屋ができたとき、町名として歴史的名称の「百人」が採用され、戦火をまぬがれたため近年にいたるまで庶民的な町並みが残っていた。ここは渡辺半蔵家が代々預かっていた足軽たちの組屋敷で、彼らは呉服町や矢場町を経て元禄七年（一六九四）ここへ移ってきた。したがって城代《じょうだい》組《ぐみ》同心の朝日家や配下の足軽とは関係なく、神坂氏の「文左衛門が百人町の同心屋敷から主税町へ移り住んだ」や、塚本氏の「百人町辺に生涯暮らした」とする表現は適当でない。

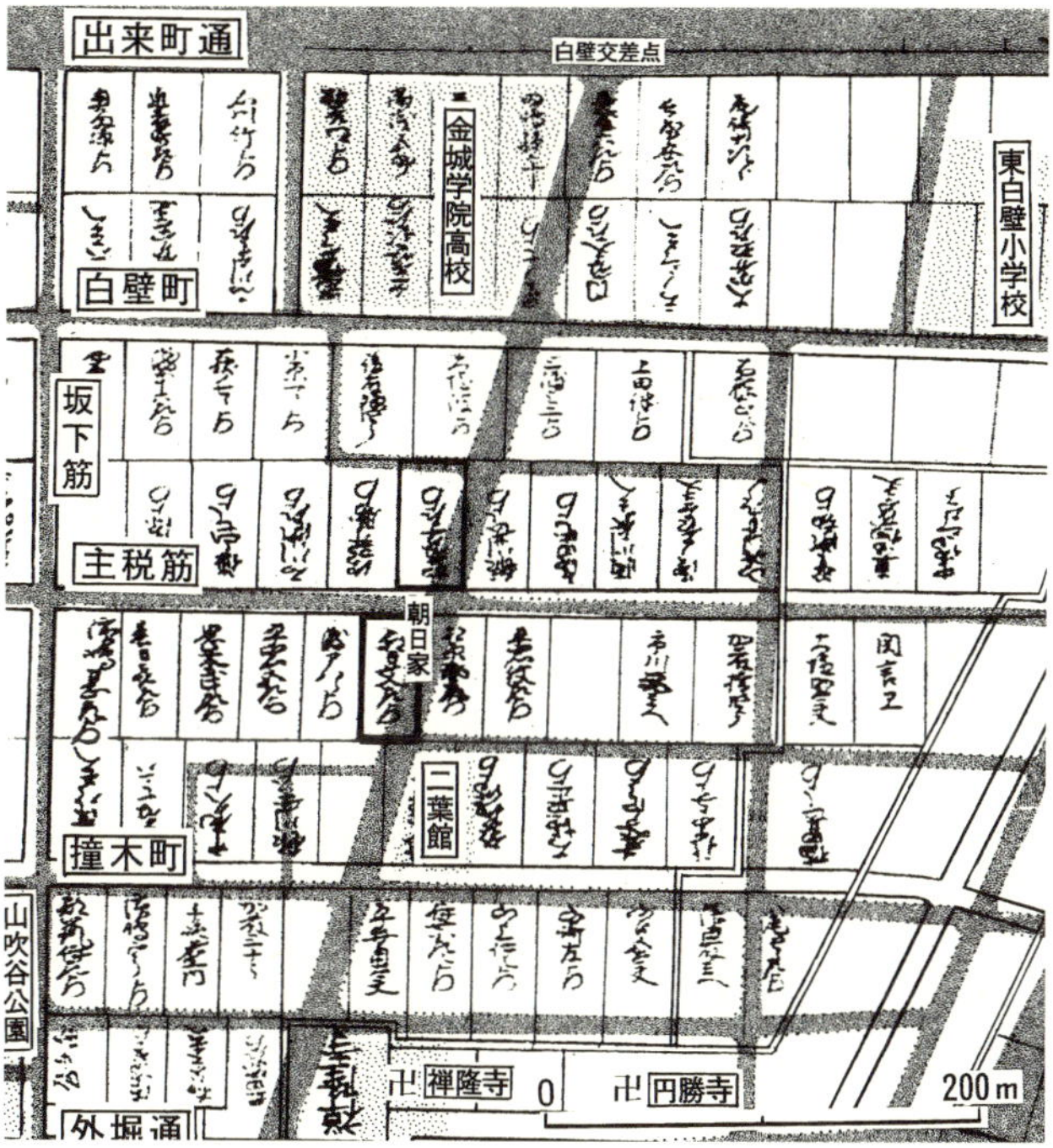

『尾府名古屋図』に載る朝日家　（名古屋蓬左文庫蔵の図を一部改変）

また別に林薫一《とういち》氏の「百人町にある官舎の別棟で楽隠居の父母……」（『尾張藩漫筆』）や西山朝雄氏の「百人町の同心屋敷を離れて主税町にあった三〇〇石クラスの屋敷に移り住めたことも嬉しかった」（『東区の歴史』）も、誤解に基づく記述である。

百人町説以外では加賀樹芝《きし》朗氏が、「御城代組同心朝日文左衛門重章の住居は、名古屋城の東にあって、彼らの部下である足軽たちは、城番町の一郭に住んでいた。城番町の北西（主税筋界隈）に同心衆（朝日家など）の屋敷があり…」と述べられている（『朝日文左衛門《鸚鵡籠中記》』雄山閣）。同心配下の足軽たちが住んだ「城番町」はいま「筒井町三丁目」となり、町内の「城番公園」に僅かにその名をとどめている。氏が参考にされた新見吉治《しんみきちじ》氏の『下級武士の研究』は、新見氏の祖母の出生地が城番町だったということもあり、その辺りの記述がくわしい。

○城代支配下の組同心九〇人のうち半分の四五人は、市街地南部にある大須真福寺裏に住んだ。同地区は明治になって城代町（現、大須一・二丁目）と呼ばれ、遊廓となった。もう一つは市街地東部の建中寺の東南角の近くである。明治に百人町の南から桜通りの北にかけての三筋が城番町（現、筒井町三丁目）と呼ばれ、そのうち北側の二筋が残る同心四五人の組屋敷であった。本来城代町とすべきだが、大須の方と区別するため、城番町とした（『下級武士の研究』）。

ここにいう「組同心九〇人」は、文左衛門たち「御城代組同心」のことではなく、その配下の足軽を指す。紛らわしいのだが、もともと「士分の御本丸番」の下に「足軽の御本丸番」がいて、寛政以後、下位の御本丸番足軽を「御本丸番同心」と格上げして呼ぶようになったため、混同が生じたのである。文左衛門たちの頃は、同心の下に九〇人の「足軽」がいて、これを四五人ずつ二組に分け、一組は大須観音裏手の「城代町」に、もう一組は百人町南の「城番町」に住んだ。この「城代町」と「城番町」を『尾府名古屋図』で確認すると、どちらも「御《ご》城《じょう》代《だいおん》御足軽《あしがる》」と表記してあり、正確である。

この同心と足軽の問題に頭を悩ませるのは、新見氏だけではない。甲冑の研究で知られる笹間良彦氏も「江戸時代になると足軽階級の者はほとんど同心の名に変わり、足軽は俗称になってしまった。そして足軽という役職上の名は、同心以下の格で、郡代、代官、長崎奉行所あたりの下僚のなかに見出される。……同心という名称は被官の俗称で……足軽より階級の上の者であったが、しだいに階級の下の者まで含めていうようになり、足軽と同心の語はしばしば打混ぜて用いられている」

とされる（生活史叢書『下級武士　足軽の生活』）。要するに「戦国時代の足軽＝江戸時代の同心」のはずだが、「同心の下位に足軽を残す例が見られ」、やがて「その足軽も同心と呼ばれるようになって」、何がなんだかわからなくなった。これが各藩まちまちだから、余計に混乱するのだ。

本題に戻る。朝日文左衛門の御畳奉行になる前の住まいが百人町でなく、その南の城番町でもないとすれば、父の代から「主税町筋」に住んでいた可能性が高くなる。しかしその裏付けが難しい。文左衛門の日記を読んでいくうち、家督相続する前の元禄五年条に、次のような箇所を見つけた。

○二月二十二日、晴れ、風挙がり、酉八分《とりのはちぶ》、坤《こん》（ひつじさる）の方《かた》に火渦まき騰《あが》る。予、走りて行き見物するに、万仞《ばんじん》の勢煙銀河に迸《ほとばし》り、億兆の散火月宮に乱れ、屋上に人夥しく登りて、あるいは団扇を以て扇ぎ……時、亥《い》の刻《こく》に近くして火消え家崩れて治まる。呉服町通り、伝馬町と桜の間、西東皆消失……。（元禄五・二・二二）

元禄五年（一六九二）といえば文左衛門は数えの一九歳、家督を継ぐ二年前なので、朝日家当主はまだ定右衛門である。この火事で「酉八分（午後八時前頃）の出火から亥刻《いのこく》（午後十時頃）の鎮火までの間に、呉服町通筋（その南は現丸栄西側のプリンセス通り）に面した桜通から伝馬町通までの間が焼けた」とある。

『尾藩世記《びはんせいき》』では、「聞く、二月廿二日、夜、竹屋町桜町角、出火、二戸」と素っ気ないが、『名古屋の火災記録集成』（昭和四八年）には「二月二十二日、戌之刻（午後八時）竹屋町筋（針屋町付近、現錦三丁目）の西側、桜町（錦三丁目）下る二軒目から出火し、伝馬町（錦一丁目）尻まで両側を消失した」とあり、江戸時代では「大火」に入らないらしいが、今なら大火災である。文左衛門の日記では出火が「酉《とり》の八分」、記録集成では「戌《いぬ》之刻」とあり、表現は異なるがどちらを取ってもいまの午後

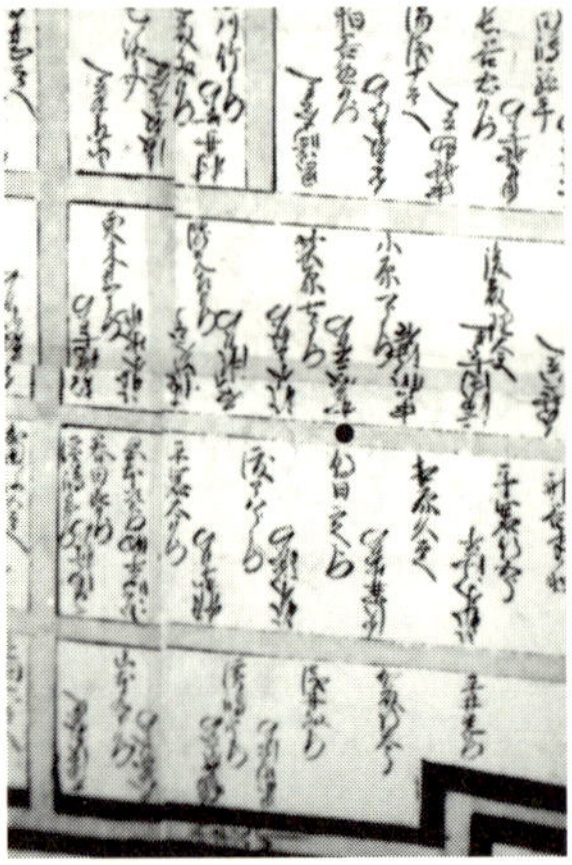

●印に朝日定右衛門とある
（「尾州名古屋城下絵図」部分　名古屋城振興協会蔵）

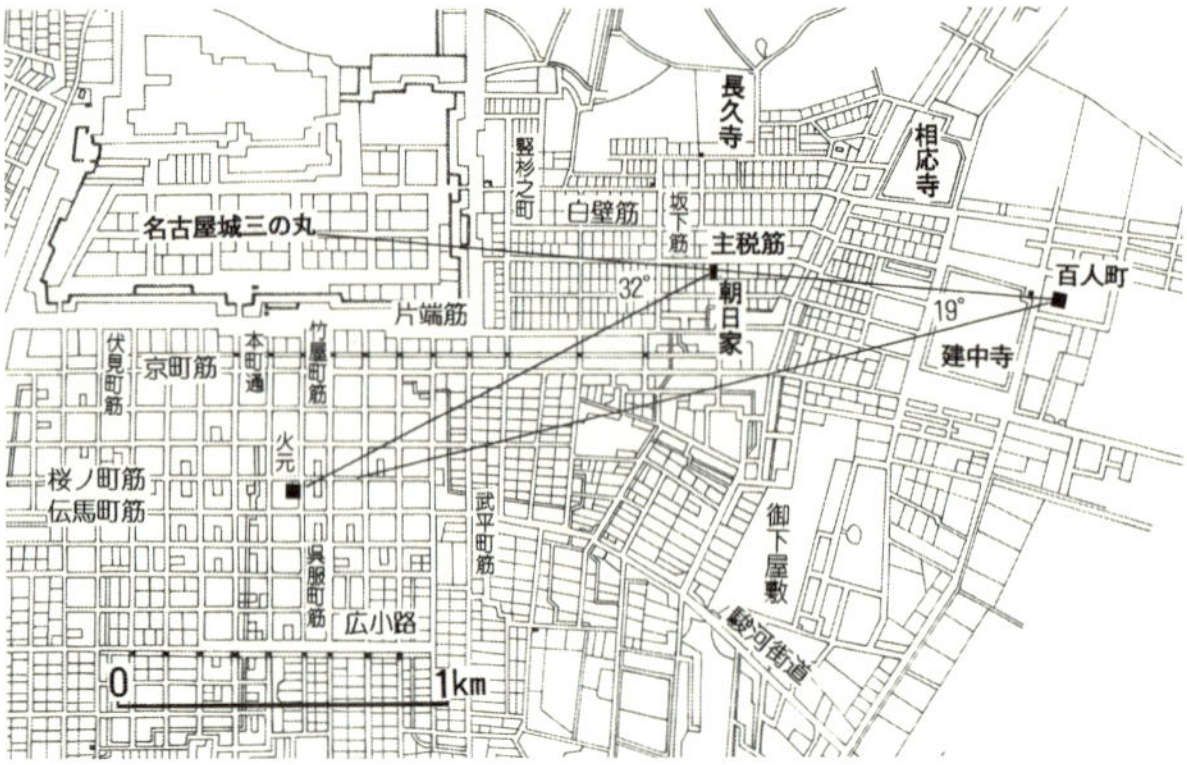

朝日家から見た火事の方角

八時頃である。江戸時代の時刻を今の時刻に直す面倒な作業は省くが、問題なのは朝日家から見た「坤の方角」である。火災現場の錦三丁目が、当時の文左衛門の家から見て「南西方向」だったというのである。そこで火災場所と朝日家候補地との位置関係を確かめると、元禄五年当時の朝日家は主税町辺りにあって、百人町や城番町でないことがわかる（地図参照）。やはり父の代から、すでに主税町に住んでいた可能性が高い。

最後にキメ手となるのは、文左衛門時代の『尾府名古屋図』より古い地図、できたら父定右衛門の頃の城下図を探すことである。仮にそういうものがあって、主税町筋に「朝日文左衛門」ではなく「朝日定右衛門」と書いてあれば、一件落着となる。

名古屋城下図に詳しい名古屋市博物館学芸員の方にお尋ねしたところ、延宝年間（一六七三〜八一）補訂の『尾州名古屋城下絵図』（通称、万治年間（一六五八〜六一）之名古屋図（名古屋城振興協会所蔵））があり、原本を管理しているのは名古屋城管理事務所（現、名古屋城総合事務所）とのこと、手続きをして平成一八年四月の某日、小天守の一室で原本を見せていただいた。床に広げられた城下図は想像していたよりずっと大きく、かつ鮮明であった。他の箇所には目も呉れず、南北路の坂下筋と主税筋との交差点から東へ六軒目を数えると、崩し字ながらはっきり「朝日定右衛門」と書かれてあった。父定右衛門の時代から、主税町に屋敷地を与えられていたのは確かだ。ずいぶん寄り道しながらの「文左衛門の住まい探し」であったが、道草で得られるものがあり、ささやかな達成感もある。

尾張藩士の住宅街―白壁町、主税町、橦木町―

江戸時代の『名古屋城下図』には、お城東側の外堀に面して、北から成瀬氏中屋敷（現、明和高校）、竪杉之町《たてすぎのまち》（現、名古屋拘置所、市政資料館）、武平町《ぶへいちょう》東片端《ひがしかたは》（現、ウィルあいち、県職員会館）が並び、さらにその東に、東西に長い白壁町《しらかべちょう》、主税町《ちからまち》、橦木町《しゅもくちょう》が南へ順序よく並ぶ。ここは尾張藩士たちのお屋敷街だが、藩士の石高には幅があり、家格の高い連中は城に近く、一〇〇石取りの朝日家は離れて今の金城学院高校の南辺りになる。当時の区画がよく残っていて、城下図を重ねてみると文左衛門の住む一角は平均五〇〇坪あり、庶民の長屋暮らしとは大違いである。場所によっては七〇〇坪を超す敷地もあり、近代になると羽振りの良い実業家が、競って宅地や工場敷地として購入した。しかし時代の流れであろうか、最近は、洒落たレストランやマンション、公共施設への転用がみられ、街づくりグループの働きかけで、歴史的な建物を活用する動きも活発である。平成一六年に名古屋城から徳川園へ至るコースが、「文化のみち」という括《くく》りで「歴史散策ルート」に組み込まれ、白壁町、主税町、橦木町はさし当りその「メインストリート」である。

白壁町

城の東大手門から真っ直ぐ東の赤塚・新出来・古出来町へ向かう道を、いま「出来町《できまち》通《どおり》」と呼ぶ。県道二一五号（田籾《たもみ》名古屋線、長久手・日進・みよし市境に近い豊田市西端の田籾町～名古屋市中区三の丸一）が名古屋市内に入ってからの呼び名で（一部「茶屋ヶ坂通」とも）、以前は長塀町筋（相応寺筋とも）と呼んでいたが、昭和五五年の住居表示により長塀町がなくなり、すべて白壁町（一～四丁目）となった。

懐かしい「長塀町」は、成瀬家とならぶ御付《おつけ》家老竹腰家中屋敷《なかやしき》の「長い屋敷塀」が起源だが、「白壁町」は城下が開けた頃、住人の豊田氏が屋敷の囲いに「白壁の高塀」を造ったからといい、また元々白壁の屋敷が多かったからともいう。旧版『名古屋市史』政治編は具体的に「豊田太郎右衛門」の藩士名を記す。『藩士名寄《はんしなよせ》』に、五〇〇石の馬廻りで御使番《おつかいばん》、御目付《おめつけ》を務めた豊田太郎右衛門（藤四郎）の名が見える（明暦元・一六五五没）。この白壁町には、後年自動織機と自動車で知られる豊田一族が居を構えるのだが、姓の一致は全くの偶然で、豊田一族の故郷は、遠く静岡県湖西《こさい》市にある。

主税町

主税町《ちからまち》の起源は、「清洲越《きよすご》し」の藩士たちが名古屋城下に屋敷地を割り当てられたとき、勘定奉行野呂瀬《のろせ》主税《ちから》がこの町筋に住んだことによる。野呂瀬氏はもと武田信玄の家臣で、主税助《ちからのすけ》（直自《なおより》）のとき平岩親吉《ちかよし》に仕え、その後徳川義直のもとで成瀬氏に属し、勘定奉行を兼ねたとある（『士林泝洄』）。その子孫たちも善光寺筋（国道四一号）と交差する東南角、いま「主税町教会」がある場所に引き続き屋敷を構えた。朝日文左衛門と同時代の住人は野呂瀬又兵衛で、「主税」の通称は用いていない。

野呂瀬家の近くにいま「東税務署」がある。「チカラ」とは元々「租税」のことで、律令の職制で「主税《しゅぜい》寮《りょう》」の長官を「主税頭《ちからのかみ》」という。勘定奉行の職種といい、時代を超えて少々出来過ぎた話である。

橦木町

「シュモク」とは鉦《かね》を打つ道具で、柄の先端が「丁の字」になった棒のこと。平安時代の遊行《ゆぎょう》僧空也《そうくうや》上人が右手に持っているのがそれで（愛媛県浄土寺蔵「空也象」）、後世検校《けんぎょう》以上の盲人が持つ「撞木杖《つえ》」や、頭がトンカチの形をしたシュモクザメが知られている。とにかく鉦（鐘）を撞《つ》く道具だから、手ヘンの「撞木」が正しい。ところが戦後の町名は木ヘンの「橦木」と表記し、郷土史家の水谷盛光氏は「橦とするのは誤り」とわざわざ注記されている（『名古屋の地名』中日新聞・昭和五五年）。辞書には木ヘンの「橦木」も「かねを撞く棒」とあり、全くの間違いとはいえないが、適当でないのは事実だ。明治の頃の「名古屋区撞木町」が、いま「名古屋市東区橦木町」に変わった。抑々《そもそも》の原因は行政側の「書き誤り」だが（平凡社『愛知県の地名』）、誤ってそのままというのが凄い。

「撞木の形」については、「町筋（道路）が…」とする書と「町の形が…」とする書に分かれる。東西に細長い町の西端が、南北方向の「竪杉《たてすぎ》之町《のまち》」にぶつかって生じた名前だが、当時の町は筋が境界ではなく、筋に面した両側は同じ町名で呼ぶから、町と筋、どちらの表現でも似たようなものだ。

五　「藩士たちのまち」の住人

豊田一族

尾張藩士たちの街に、近代になって豊田《とよだ》一族が多く住んだ。その総帥は世界一の性能を誇る「無《む》停止杼換式豊田《ていしひかえしきとよだ》自動織機（G型自動織機）」を発明し、織機王と称された豊田佐吉（一八六七〜一九三〇）である。彼は最初の動力織機である「豊田式力織機《とよだしきりきしょっき》」をはじめ、発明特許八〇余を取得し、現在のトヨタグループの基礎を築いた。

そこに至る道筋は、平坦ではない。「力織機」販売の豊田商店（のち豊田商会）を母体に豊田式織機株式会社（明治四〇年）が設立され、佐吉は研究に打ち込める技師長に就いたが、三年後に辞職を迫られ、失意のどん底へ投げ込まれた。しかし半年余の欧米視察を経て帰国したときは、すっかり自信を取り戻しており、栄生《さこう》（現、則武新町四丁目）に三〇〇〇坪の用地を取得して豊田自動織布工場を設立した（明治四四年）。その後第一次大戦の好景気にも後押しされ、はじめて自前の株式会社「豊田紡織」を設立（大正七年）、六年後息子喜一郎の助力もあって、完全自動化の「G型自動織機」発明にこぎつけたのである。

跡を継いだ喜一郎は、叔父利三郎の協力のもと「自動車産業」へ大きく舵を切る。開発資金になったのは、G型自動織機の特許権を世界一の織機会社プラット社（英国）に売った一〇万ポンドで、当時の日本円で一〇〇万円になる。昭和初年の大卒初任給が六〇円ぐらいだから、今はその三千倍余、つまり三〇億円余りが立ち上げ資金になった。病床にあった佐吉は、新しい船出を大いに励ましたという。既存の豊田自動織機製作所内にささやかながら自動車部門を立ち上げ、佐吉が亡くなる昭和五年に小型エンジンの試作品を完成、昭和一〇年には試作車「A1《エイワン》型乗用車」の完成にこぎつけた。発明家の血筋は、確実に受け継がれたようだ。

◆豊田一族・略系図　※（　）内役職は『中部の産業』を引用

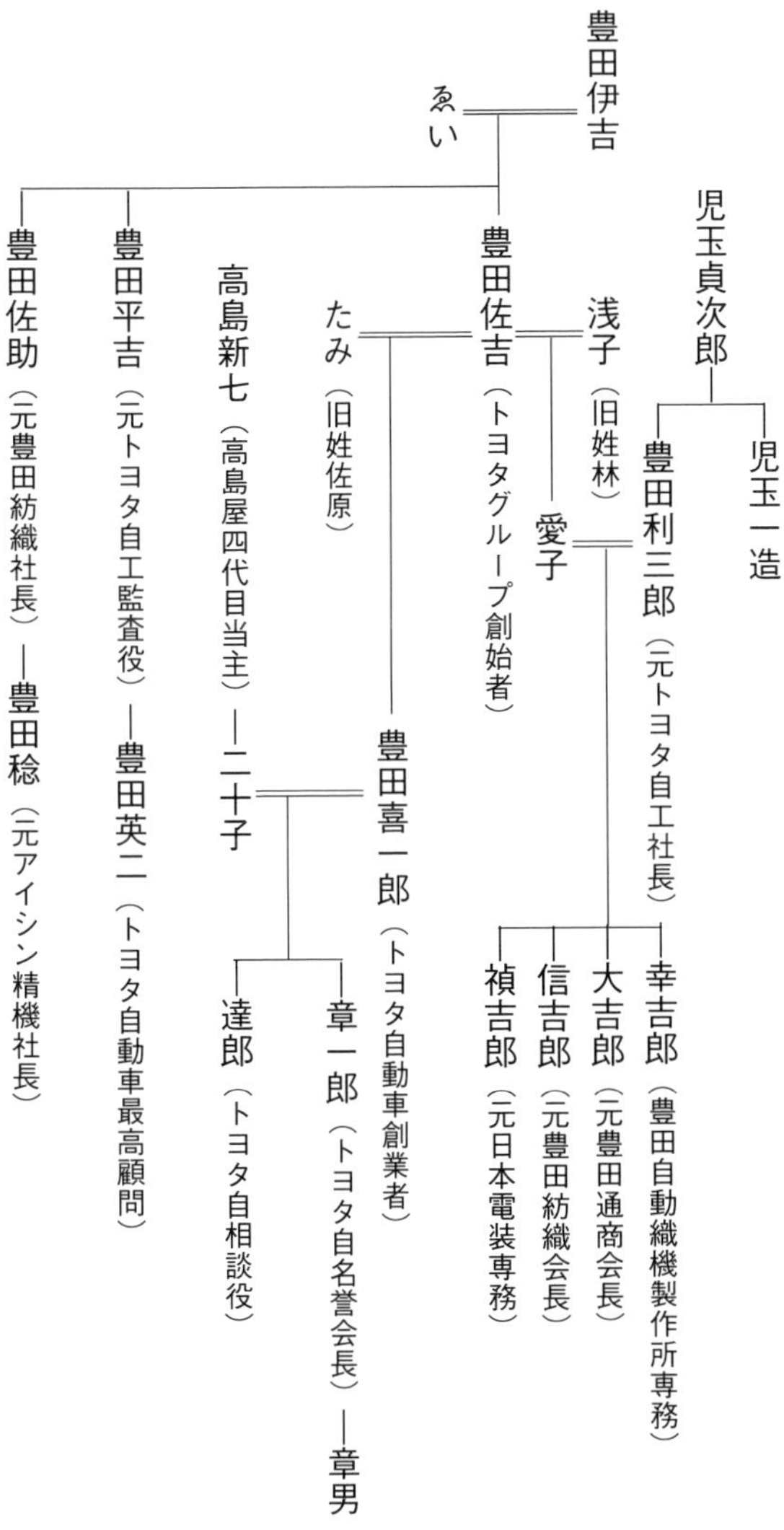

豊田一族の住まい

大正七年（一九一八）は豊田家にとって画期の年となった。明治四四年栄生《さこう》に建てた豊田自動織布工場（現、産業技術記念館）を豊田紡織株式会社に改組（資本金五〇〇万円、株主は豊田一族、現、トヨタ紡織）、さらに佐吉自身将来を見据えて単身上海に渡った。上海工場が建設され操業が開始されるのは三年後である。もう一つある。この年以降、豊田一族が白壁町、主税町に集結しはじめたのだ。

①前年養子縁組した佐吉の娘愛子と利三郎（旧姓児玉）の新居が、白壁町四丁目に建てられ、

②佐吉と後妻浅子の新居も白壁町一丁目に完成、

③四年後には長男喜一郎（前妻「たみ」との子）の屋敷も白壁町三丁目に建てられ、

④その二年後に佐吉の弟佐助の邸宅が主税町三丁目に建ち、

⑤信頼する大番頭西川秋次の家も主税町四丁目に竣工した。

いま屋敷が残るのは豊田佐助邸のみ、門と塀が残るのは豊田利三郎邸、あとは失われたが地図の上で場所を確認することはできる（109ページ地図参照）。

豊田・児玉両家の縁組をお膳立てしたのは、当時融資を通じ親しい関係にあった三井銀行名古屋支店長の矢田績《せき》である。彼は同じ三井物産の名古屋支店長だった児玉一造（のちのトーメン創設者）と相談し、一造の弟利三郎（当時伊藤忠商事マニラ支店長）を佐吉の娘愛子（当時県立第一女学校生徒）と見合いさせ、半ば強引に豊田家の婿養子入りを承諾させた。利三郎は初め反発したが、説得に折れた。承諾は一つに愛子の美貌もあったといわれる。写真を見ると面長の美人である。

養子のお膳立てをしたのち東京に呼び戻された矢田は、東神倉庫（のちの三井倉庫）の創立を手掛け、大正一〇年、六八歳の高齢を理由に引退して再び名古屋に戻った。新たな住まいが井元為三郎邸

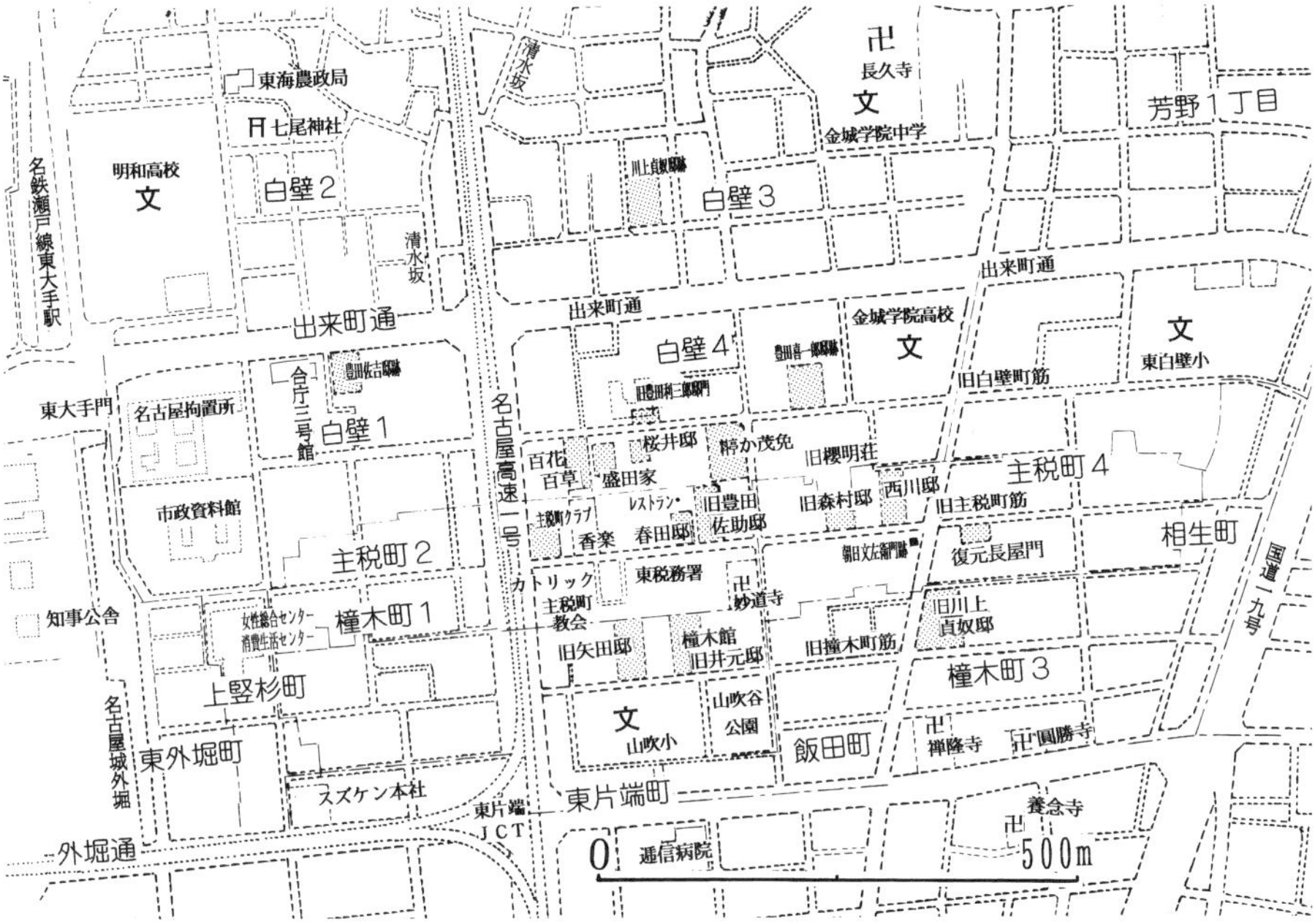

文化のみち「主税町界隈」

（現、橦木館）の隣に造られ、豊田家に所縁《ゆかり》の邸宅がまた一つ増えた。矢田自身も養子であり、自分が仲立ちした利三郎の、その後を見守りたい気持ちがあったといわれる。多くの事業家を育て名古屋の産業発展に尽した矢田の功績は、もっともっと評価されてよい。

矢田は三井銀行名古屋支店長だが、並の支店長ではなかった。二五歳のとき福沢諭吉の推薦で「神戸又新《ゆうしん》日報」の主筆、四年後の明治二〇年牧野伸顕《のぶあき》（一八六一～一九四九、大久保利通の次男）の推薦で兵庫県の勧業課長、翌年中上川《なかみがわ》彦次郎（一八五四～一九〇一、諭吉の甥、山陽鉄道社長、三井銀行理事）の勧誘で開通準備のため山陽鉄道の運輸課長に、明治二四年には自ら「神戸電燈会社」を立ち上げ、さらに明治二八年、三井銀行専務になっていた中上川に再度誘われて同行へ入社、明治三八年に名古屋支店長になった。以後大正時代の半ばまで豊田の陰の力となり、服部商店（現、興和グループ）を育て、福沢桃介を名古屋に呼び、そして最後の置き土産が、自費を投じた図書館の建設だった。ときに吝嗇《りんしょく》の陰口さえ聞かれた矢田の、胸のすくような身辺整理だ。昭和一四年、武平町（現、オアシス21東のバス停辺）に三階建ての「名古屋公衆図書館」が完成し公開された。まもなく名古屋市に寄付され、戦後は栄図書館となった。昭和三三年に銅像が建てられたが、その後移転して市立西図書館となった。蔵書はいま鶴舞図書館が収蔵し、西図書館には「矢田績の銅像」が建つ。西図書館の受付で尋ねると、二階ベランダに設けられた庭園へ案内された。胸像は、ほぼ視線のレベルに置かれてあり、身近に見ることができる。想像していたよりずっと親しみのある表情だった。昭和一五年に矢田は喉頭ガンで亡くなるが（八十歳）、そのあと矢田邸は三井物産に移り、戦後は個人の邸宅になって現在に至っている（西尾典祐『東区橦木町界隈』を参考）。

文化のみちをたどる

名鉄瀬戸線の東大手駅で下車し地上に出ると、目の前に建つのが愛知県立明和高等学校。そのルーツは大正八年（一九一九）

豊田佐吉の銅像
（江西小学校）

矢田績の銅像
（西図書館）

改称の「愛知県立明倫《めいりん》中学」であり、さらにさかのぼれば寛延二年（一七四九）創立の「巾下学問所」（巾下橋を西へ渡った南側）である。豊田佐吉の長男喜一郎は明倫中学に通ったが、当時の学校は建中寺の西隣り、いまの県立愛知商業高校の場所に在った。では現在の明和高校の場所（尾張藩付家老・犬山城主成瀬家中屋敷跡）はといえば、愛知県第一中学校、いまの旭丘高校があったというから、ややこしい。

明和高校前の出来町《できまち》通《どおり》、ここを東へ二〇〇メートル進んだ右手に、かつて豊田佐吉の邸宅があった。当時の長塀町二丁目（現、白壁町二丁目）で、昭和八年の住宅地図には妻豊田浅子の名が記されている。いまの名古屋合同庁舎第三号館の東、ダイキン工業の辺りだろうか。昭和五年に佐吉が亡くなり、残された浅子は彫塑を学んで昭和一〇年に夫の胸像三体を完成させ、翌年六〇歳で没したという。賢婦人の誉れ高い女性であった。

佐吉邸跡から出来町通をさらに東へ進むと、清水口交差点に至る。その一つ手前の北へ通じる道が、むかしの「清水坂《しみずさか》」で、坂の途中が鉤型《かぎがた》に折れて国道四一号の向こう側へ通じ、そのまま名鉄瀬戸線清水駅に向かって下り坂がつづく。この道を稲置《いなぎ》街道、上《うわ》街道あるいは木曽街道ともいい、成瀬家家中《かちゅう》は犬山城下と成瀬中屋敷（現、明和高校）との往復にこの街道を使った。坂の途中が鉤の手に折れる道はよほど珍しいとみえ、岡本柳英氏が「清水坂と余芳亭《よほうてい》」の題で取り上げられている（『名古屋の坂道』泰文堂・昭和五三年）。かなり急な坂だったらしく「木枯らしや

清水坂（突き当たりを右折）

炭団《たどん》転がる　清水坂」の句が紹介されている。秀逸である。

余芳亭は坂の右手の石垣上にあった小亭で、もとは名古屋城二之丸庭園の茶室であった。同庭園が廃された明治初年に大矢氏が譲り請け、いったん西区児玉町の本宅庭園に移された。同二五年に清水の別邸へ移築、さらに昭和一四年現清水坂（現、国道四一号）の開設にともないこの崖上に移したのだという。最近余芳亭の在った場所が石垣ごと取り壊され、マンションが建った。余芳亭は名古屋市の指定文化財で、同市のホームページには「移築中」とあるが、今度は何処へ移されるのだろう。

清水坂の途中が国道四一号（高架上は名古屋高速一号）によって遮られるため、直接東側へは渡れない。いったん出来町通の清水口交差点まで戻り、白壁三丁目に向かう。かつて東二葉町と称した頃、ここに福沢桃介と川上貞奴の住む「二葉御殿」があった。今は橦木町三丁目に建物が移築され、旧東二葉町には何もないが、どんな場所だったのか確かめておきたい。

二葉町は江戸時代に成瀬氏と竹腰氏の中屋敷があったところで、大雑把にいうと成瀬氏屋敷跡が西二葉町、竹腰氏の屋敷跡が東二葉町になる。道路でいうと出来町筋北側の、国道四一号を挟んで西側が西二葉町、東側が東二葉町である。この名称は明治初年から昭和五五年までつづき、今は前者が白壁二丁目、後者が白壁三丁目になった。二葉の町名は、竹腰氏の屋敷内にあった松の老木に因むという。この東二葉町一八番地（現、白壁三丁目一〇）の広大な敷地に和洋折衷の二葉御殿が建設され、日本の電力王「福沢桃介」と日本の女優第一号「川上貞《さだ》奴《やっこ》」が住んだのである。

川上貞奴（一八七一～一九四六）は明治五年東京日本橋区両替町（現、人形町）に生まれ、本名は小山貞、七歳のとき芸妓《げいぎ》置屋浜田屋の養女となり、一七歳でお披露目して芸者貞奴、その美貌を伊藤博文や西園寺公望が愛したという。明治二七年芸者「奴」を廃業し、オッペケペー節（時事風刺の演歌）の創始者川上音二郎と結婚、三二年、三五年欧米を巡業して好評を博し「マダム貞奴」の名が国際的に知られるようになり、帰国後女優として活躍、明治四一年東京に帝国女優養成所を設立し、帝劇女優を世に送り出した。明治四四年音二郎に死別後、福沢諭吉の婿養子であり初恋の人でもあった桃介と交友を復活させ、大正六年明治座で女優の引退公演をしたのち、翌七年桃介と同棲、翌年名古屋の東二葉町に一二〇〇坪の大邸宅を建てて住んだ。

当時桃介《ももすけ》（一八六八～一九三八、「とうすけ」とも）は、慶応の先輩矢田績《せき》に招かれて名古屋電燈会社の取締役に就任、木曽谷の電力開発に力を注ぎ、大井ダムや落合発電所などを完成させた。一方貞奴も上飯田に川上絹布工場を開き、女工哀史ならぬ「理想の女工生活」を実現させた。こうした二人にとって、二葉御殿は財界人をもてなすサロンだったが、昭和に入ると桃介はすべての事業から引退し、晩年の一〇年を熱海に過ごした。貞奴も二葉御殿を手放し、岐阜県各務原市鵜沼に貞照寺を建立して、門前に二人のための別荘「晩松園」を建てた。昭和一三年桃介が亡くなり、その八年後、貞奴も熱海の別荘でその生涯を閉じた。

◇ちょっと足をのばして

成田山貞照寺（岐阜県各務原市鵜沼宝積寺町五の一八九）

晩年の川上貞奴が木曽川河畔の宝積寺町に六千坪の土地を求め、私財を投じて本堂、鐘楼堂、仁王門、庫裡等を成田山新勝寺を模して建設、昭和八年に「金剛山桃光院貞照寺」として落慶法要し、しばらく貞奴自身尼僧の生活を送った。昭和二一年に貞奴が七六歳で生涯を閉じたあと、寺は荒廃したが、昭和三五年成田山名古屋別院が管理下に置き「成田山貞照寺」と改称して大修復を行った。

真言宗智山派で、開基は川上貞奴である。

最初に訪れたのは秋で、紅葉の美しかった印象が残る。二度目は春に成りきらぬまだ北風の冷たい日で、本堂右手の墓地の奥に「川上貞奴の霊廟」と記した案内板を見つけ、首をすくめながら墓にお参りをした。墓の前に等身大を超える観音菩薩像が立つ。墓の後ろはすぐ山が迫っているが、振り向くとずっと遠くまで木曽川の谷地形が開け、福沢桃介が発電で係わった木曽川を意識して建てられていることがわかる。すぐ足もとに境内の全体が見渡せ、池に面した回廊式の庫裡が、昭和ひと桁の雰囲気を醸している。のちに成田山の手で修築が施されたにせよ、これだけの伽藍を私財で建設したことは驚嘆に値する。彼女の業績の云々とは別に、一代の女傑だったのは確かだ。本堂にお参りしてふと見上げると、鴨居の位置にこれまでに参拝した芸能人の名札が並んでいて、最初に宮崎美子さんの名前があった。受付にはお守り札の他に、芸能上達のお札が並べてある。貞奴自身日本の女優第一号だから、さぞ御利益があるだろう。

貞奴はこの寺に参詣する際の別荘として、門前に「晩松園」を建設している。一部二階建て、数寄屋造りの建物群で、建坪一五〇坪、一二五部屋からなる。主屋の瓦は珍しい南部鉄製とある。

川上貞奴（貞照院）の墓所

貞照寺山門

宣伝の写真をみると、芝を張った広い庭に面した縁側で、男女が寄り添っている。実はこの別荘、貞奴の没後は豊築紡績の所有となり同社の保養所として使われたのち、平成一六年に結婚式場の「迎賓館サクラヒルズ川上別荘」萬松園として使用されている。文化財としては「晩松園」だが式場の方は「萬松園」、なんでも貞照寺に「萬松園」と書いた額があるそうで、一概にはどちらとも決めつけられない。

この萬松園へは手続きをしないと入れない。迎賓館の全体は想像を超える広さで、まず門の正面にお城のような赤レンガの建物があり、これは鵜沼に在った大正時代の後藤邸迎賓館を移築したもの、百年前の建物らしい。その右手にあるのがこの萬松園（敷地千五百坪）である。知人の誰かがここで結婚式を挙げてくれれば、洋風・和風の両方を隈なく見て回れる。他の方法として各務原市の文化財課に申し込めば、見学可能なそうだ。

名鉄電車新鵜沼駅から徒歩二キロ、交通機関利用の場合は、時間をうまく合わせる必要がある。新鵜沼駅前から、ふれあいバス「東部・南部線（産業文化センター行き）」で四つ目の「貞照寺前」下車。駅前からタクシーで一二〇〇円前後。＊問合せ先、〇五八・三八三・九九一一、各務原市役所商工振興課。

文化のみち二葉館（**旧川上貞奴邸**）

旧東二葉町の二葉御殿跡から、復元された二葉館のある橦木町三丁目へ向かう。出来町通の金城学院高校東にある「白壁交差点」を右折し、飯田町に通じる広い斜め道を南へ下る。

この斜め道はずっと北の志賀本通駅（地下鉄名城線）から、大杉町、尼ケ坂駅（名鉄瀬戸線）を経て名古屋台地の急坂を上り、長久寺前から出来町通を突っ切り飯田町の禅隆寺横に抜ける道で、昭和四四年頃に開通した新しい道だ。白壁・主税・橦木町といった住宅地を斜めに突っ切ることになり（市道・長塀飯田町第一号線）、大きな工事だった。都市計画基本図で確認すると昭和三三年までは図示されておらず、その後南から順次計画路線として描かれ、昭和四四年には全体が既設路線として示されている。二葉館はその南端に近く、市道に面して復元された。

東二葉町にあった二葉御殿が、大同製鋼（もと名古屋電気製鋼所、社長福沢桃介）の手に渡ったのは昭和一二年のこと、このとき周辺の広い敷地も整理売却された。それから六〇年後の平成一二年、名古屋市は大同グループ会社から二葉御殿を寄贈され、橦木町の町並み保存地区隣接地に復元移設した。平成一七年「文化のみち二葉館」としてオープン、同時に国の文化財として登録された。

創建時の設計、施工は、洋風住宅専門会社「あめりか屋」が担当し、大正九年（一九二〇）に竣工。建てられた当初は東西に長く、東端の車寄せに近い部分が洋風、奥は和風の和洋折衷建築だった。昭和一二年の所有者移転のとき敷地の都合で東側が除かれ、西側へ増改築された。今度の橦木町への移設復元で、建物の向きは変更されたが、部屋の配置など全体の姿は創建時に戻った。

二葉館前の「飯田町北」信号交差点を西へ進むと、井元為三郎邸を改造した橦木館がある。

◎文科のみち二葉館　東区橦木町三丁目二三番地　電話〇五二・九三六・三八三六／開館は一〇〜一七時、駐車一〇台分、入場料二〇〇円、月曜休み。

橦木館

橦木館のかつての主「井元為三郎」は、明治七年熱田神宮に近い中瀬《なかせ》町《ちょう》の伊東家に生まれ井元家を継いだ。一六歳のとき田辺商店（有田から横浜へ進出した陶磁器販売業者、明治二二年に名古屋中区役所近くに拠点）に勤務、神戸支店長時代に森村組に近づき二四歳で独立。森村組絵付工場（橦木町一丁目、現在東片端交差点西北側）に近い飯田町に店を持ち（禅隆寺の北に隣接）、森村組の下請けの仕事をはじめ、やがて陶磁器加工問屋として順調に成長していった。明治四〇年サンフランシスコに貿易会社を設立、さらにシンガポールやビルマにも進出、陶磁器のほか医薬品や雑貨も手広く扱い、大正一三年には「名古屋陶磁器貿易商工同業組合」（明治四二年創設、昭和七年拠点として「陶磁器会館」を建設）の組合長に就任した。事典には「名古屋地方陶磁器輸出業界のパイオニア」とある。

橦木町に井元邸が造られたのは大正末年で、為三郎が最も輝いていた時代を象徴する建物であった。邸宅は表の洋館と奥の和館からなり、洋館の玄関や応接室にはステンドグラスが用いられ、大いに人目を引いたという。いま玄関を入ったところに受付があり、女性が丁寧に対応してくれる。すぐ左が喫茶室になっていて、軽食も食べられる。日曜日のせいか結構繁盛している。そのまま廊下を進むと奥が和室の資料室で、ボランティアの女性が説明してくれる。受付左手の階段を上がると建物の主人井元為三郎の業績を示す資料が掲示されている。実際に当時作られていた陶器類も見ることができる。

橦木館（旧井元為三郎邸）

二葉館全景

井元が下請けの形でかかわった森村組というのは、森村市左衛門、豊《とよ》兄弟がはじめた陶磁器製作販売会社で、きっかけは福沢諭吉に「外国との通商で金が流失する懸念」を訴えたところ、「輸出以外に防ぐ手立てはない」と聞かされ、発奮して海外貿易を手掛けたのだという。明治九年弟の豊と「森村組」を設立、明治二五年（一八九二）に名古屋店を開設、明治二九年に各地に散在していた絵付け工場を名古屋撞木町に集中させ、明治三六年、市左衛門の義弟（妹の婿）大倉孫兵衛が欧州視察から帰るのを待って、翌三七年共同で「日本陶器合名会社」を設立。本社を名古屋の則武《のりたけ》に置き、絵付け陶器の海外輸出を大がかりに行った。

井元はこの森村組にかかわり、下請けの仕事から次第に事業を拡大する。やがて撞木町三丁目に進出し、明治四一年渡米してサンフランシスコに「日本貿易商会」を設立、大正九年にはシンガポールに「南洋商工」を設立、その後もニューヨーク、ビルマのラングーンに支店を開設して陶磁器以外の品にも事業を拡大した。井本邸は大正末年にここ撞木町三丁目に建てられたが、陶磁器の原料供給地の瀬戸に近く堀川の水運も利用できるという理由で、名古屋市東部に陶磁器業者が集住する。大正から昭和初期にかけ九谷や有田の優秀な絵付け職人も次第にここに集まってきた。

◎撞木館　東区撞木町二丁目　平成八年市指定文化財

名古屋陶磁器会館

井元為三郎が設立に努めた組合の事務所となったのが「名古屋陶磁器会館」である。赤塚交差点から国道一九号を南に下って二つ目の筋を左折した場所に建ち、建物は国の有形文化財に登録されている。

明治二〇年代後半から名古屋陶磁器の輸出が伸びるにつれ、広い生産拠点を求めて陶磁器業者は名古屋東区の武家屋敷跡に集まりはじめた。素地（カオリン粘土など）の供給地である瀬戸、美濃に近いことや、輸出港である四日市と堀川の水運で結べることが有利な条件となった。その結果、大正から昭和のはじめにかけ名古屋は最大の陶磁器生産地となり、全国の伝統を受け継ぐ絵付け業者たちもここ東区に集まるようになった。こうした背景のもと、昭和七年に「名古屋陶磁器貿易商工同業組合」の事務所として「名古屋陶磁器会館」が建設されたのである。

戦後の昭和二四年、財団法人名古屋陶磁器会館となり、以前の同業組合から受け継いで、会館の管理運営が行われている。いま会館は多くの市民に開放され、絵付け教室のほか様々な体験教室が開催されている（「名古屋陶磁器会館」案内パンフ参考）。

会館に井元為三郎の銅像があると聞き、写真を撮るため会館を訪れた。ところが日曜は休業で戸が閉まっている。幸い建物脇の狭い通路の突き当たりに胸像を見つけて、写真に収めた。帰宅後引き伸ばしてみると台座に「水野保一之像」と書かれてあり、陶磁器業の功労者（明治四〇年水野商店創業のちの瀬栄陶器）ではあるが別人とわかった。結局出直して受付を通じ、事務室の

井元為三郎像

名古屋陶磁器会館

裏へ案内してもらった。

　井元為三郎の胸像は、昭和一六年（一九四一）制作の像が戦時中の金属供出となり、昭和三四年に再建された。制作者は名城公園の加藤清正像で知られる高藤鎮夫《たかとうしずお》（一九一〇〜八八）氏。

　もう一つの水野保一像は、昭和三九年に高藤氏の弟子の林幹雄（一九三一〜）氏が制作。当初瀬栄陶器の工場に設置されていたが閉鎖のため、昭和五八年に陶磁器会館に移された。

◎名古屋陶磁器会館　徳川町一丁目一〇番　電話〇五二・九三五・七八四一／土・日・祝日休館

矢田邸と山吹谷公園

　井元邸（現、橦木館）から橦木町ゼルクハウスを挟んだ西側に、矢田邸がある。いまは個人所有のため門の外から眺めるだけだが、風格のある邸宅である。

　矢田邸と橦木館の前が山吹小学校で、東に接して山吹谷公園がある。公園の南西隅に二つの石碑が建ち、その一つに「名古屋市立第三高等女学校ここにありき」と刻まれ、裏に「大正一二年四月開校、昭和二〇年一月二三日学徒四二名爆死」とある。当時第三高女の生徒は大曽根の三菱航空機工場に勤労動員され

山吹谷公園の石碑

ており、終戦の年一月の空襲で四二名の生徒が爆死、三月の名古屋大空襲で校舎も焼けた。その三年後、男子校の県立第一高等学校と統合し、男女共学の「愛知県立旭丘高等学校」が誕生した。

昭和八年の住宅地図を見ると、現在の山吹谷公園の位置に「第三高等女学校」、西側の山吹小学校の位置に「名古屋棣棠《ていとう》尋常高等小学校」が載る。棣棠とは「山野に自生する低木の落葉樹」で、別に「ヤマブキのこと」とある。旧制の尋常小学校は、現在の小学校と同じ六年間の履修、高等小学校はプラス二年の課程であり、二つの併設が尋常高等小学校である。つまり山吹小学校の名は、旧制にまでさかのぼるわけだ。

◇ちょっと足をのばして

ノリタケ

名古屋駅前の大通りを名鉄栄生駅《さこう》に向かって歩くと、二つの「産業遺跡」に出会える。近い方が則武新町三丁目のノリタケの森の「森村・大倉記念館」、遠い方が則武新町四丁目の「トヨタ産業技術記念館」である。遠いといってもせいぜい一キロ半。歩くのが苦手な人は、栄生駅で降り三〇〇メートルほど戻ってもよい。

「則武」という地名はあまり聞きなれない。名古屋駅の西口（新幹線側）を出たところが「中村区椿町」で、その周りの亀島町、則武町、竹橋町は昔の則武村、尾張藩の地誌『尾張志』によると起源は中世の「則武庄」にさかのぼり、則武という人物の「名田《みょうでん》」だったという。先のノリタケの森は「西区則武新町」で区名も異なるが、もともと中村区は西区から昭和一二年に分離した区、さかのぼれば名古屋駅周辺の相当広い範囲が、「則武」だったのだろう。

ノリタケの森

ノリタケの森はノリタケカンパニーリミテド発祥の地（日本陶器合名会社本社工場の跡地）に設けられた複合的な施設で、広い公園をはじめレストランやミュージアムなどからなり、本社に隣接している。当地での食器生産が終了した後、一一万平方メートルの敷地と赤レンガの工場が残った。この活用が考えられて、緑地を含む複合施設の建設が決まり、二〇〇一年にオープンした。ノリタケの森の中央にひときわ目立つ赤レンガの建物が「森村・大倉記念館」で、二〇〇五年の「愛知万博」に併せ、四グループ（ノリタケカンパニーリミテド、ＴＯＴＯ、日本ガイシ、日本特殊陶業）によって開設され、セラミックスの歴史と将来への展望が展示解説されて来た（二〇一四年三月閉館）。

ノリタケの顔ともいうべき洋磁器を知るには、「クラフトセンター」がお勧めである。敷地の西南にあって一、二階は工場見学、三、四階がミュージアムになっている。オールドノリタケが堪能できるし、実際の作業過程を見ることができる。団体で見学に訪れる人たちも多く、結構賑わっている。森村組は、明治二五年に名古屋へ進出した企業だが、その歴史について要約しておこう。

赤レンガの建物（ノリタケの森）

◎ノリタケの森　名古屋市西区則武新町三丁目　電話〇五二・五六一・七二九〇／交通　名古屋駅下車、徒歩約一五分（約一キロ）

◇森村組の歴史

森村市太郎（六代目市左衛門）は天保一〇年（一八三九）、江戸で武具と馬具を商う森村家の長男に生まれた。二〇歳のとき日米修好通商条約により横浜が開港すると、すぐに外国製品を買い付け、江戸で売った。明治九年（一八七六）に弟の豊と銀座四丁目に貿易商社「森村組」を設立、豊は渡米して商業専門学校で英語と商業を学び、ニューヨークに小売業の「日の出商会」を設立、やがて「モリムラブラザーズ」と改称した。これが順調に発展し、卸売業として大量の陶磁器輸出を扱うようになる。

国内でも森村組に貴重な人材が参加した。大倉孫兵衛である。彼は市左衛門より四歳年下で江戸の四谷に絵草紙屋「萬屋」の次男として生まれた。彼もまた開港した横浜へ錦絵を売りに出かけて市左衛門と知り合い、意気投合しやがて市左衛門の妹ふじと結婚、義兄弟となった。明治七年日本橋に絵草紙屋「錦栄堂」を開き、錦絵版元として活躍する一方画関係の出版業に進出し、明治一〇年の第一回「内国勧業博覧会」にあわせ、『大日本物産図会』を出版した。のちに分野を広げ英和辞典まで出版している。やがて本業を番頭に任せ、自らは森村組に参加したが、彼の物産についての該博な知識と画本等で養われた審美眼が、一種の目利きとして森村組主力製品の「輸出陶磁器」製造に大いに役立った。

明治二五年（一八九二）森村市左衛門は名古屋支店を開設、白色磁器を自前生産する拠点とし、各地散在の画付《えつけ》工場の名古屋橦木町集中（東片端交差点の北西）に努め、明治三六年に大倉孫兵衛が欧州視察から帰ると、翌年「日本陶器合名会社（現、ノリタケカンパニーリミテド）」を設立し、孫兵衛の息子和親《かずちか》を社長として本社と工場を名古屋駅に近い「則武」に置いた。

出資者は森村市左衛門と大倉孫兵衛、和親ら五名、定款の目的には「絵付け陶器の海外輸出」とあり、「純白生地のディナーセット」を自前で生産し輸出するため、なおも研究が続けられた。明治四五年にドイツへ研究に出かけ、念願の国産ディナーセット（セダンと命名）を完成させ輸出したのは大正三年のことであった。和親は大正六年、衛生陶器部門の「東洋陶器（昭和四五年東陶機器、平成一九年TOTOに）」を分離独立させ、北九州市の小倉に生産を開始した。そしてもう一つの新しい分野が、送電用の高圧碍子《がいし》であった。これは芝浦製作所の要請にこたえるもので、大正八年、日本陶器から「日本碍子（現、日本ガイシ）」を分離独立させた。これらをやり遂げたあと、森村市左衛門は大正八年に七九歳でなくなり、二年後大倉孫兵衛は七八歳で亡くなっている。

もう一つのグループ参加者である伊奈家は、代々知多半島の常滑《とこなめ》で陶器業を営んでおり、明治以来朱泥《しゅでい》がアメリカ人に好評で、森村組を通じ輸出されていた。大倉孫兵衛は輸出品の朱泥製品仕入れのためたびたび常滑を訪れ、伊奈長三郎の父初之丞（一八二六〜一九二六）と懇意になり、大正一〇年に初之丞が設立した伊奈製陶所を、一三年伊奈製陶株式会社（昭和六〇年INAXに改名）に改組した。会長に大倉和親、常務取締に長太郎（大正一五年、長三郎を襲名）、初之丞は取締役に就任している。陶管の製造をはじめ半磁器タイル、そして戦後は衛生陶器の製造を開始するが、大倉和親は伊奈製陶代表を退いてからも長三郎を応援し続けた。（『オールド・ノリタケの歴史と背景』を参考）

＊オールドノリタケ　一九七〇年代にアメリカで生まれた言葉で、当初は明治時代の森村市左衛門、豊《とよ》兄弟が米国で販売した陶磁器の初期作品を、アンティークコレクションの対象としてこう呼んだ。現在では明治中期から第二次世界大戦終結ま

で、森村組および日本陶器合名会社が製造販売した陶磁器の総称で、このうちとくに「明治中期から大正初期」の間に製作された花瓶や洋食器セットの評価が高い。(『NORITAKE MUSEUM』ノリタケカンパニーリミテド株式会社参考)

トヨタ産業技術記念館

トヨタグループ発祥の地である旧豊田自動織布工場(明治四四年)の跡地に設立された。当時の赤レンガ建物を保存活用しており、産業遺産としても貴重である。

門を入って左手に、こじんまりした建物が二棟並ぶ。一つは豊田佐吉の住居兼研究室で、明治三八年に名古屋市島崎町(現、名駅辺か)に豊田商会の工場が造られたとき併設されたもの。翌年、豊田商会を母体に設立された「豊田式織機株式会社(現、豊和工業)」の本社屋(のち本店事務所)として使用された。初期の頃の佐吉研究室として最も由緒ある建物で、平成六年ここに修復移転された。

その隣にあるのがトヨタグループ館と呼ばれる建物で、大正一四年に建設された「豊田紡織本社事務所」を修復したもの。もともとこの場所は、明治四四年に佐吉が設立した「豊田自動織布工場」の敷地で、一五年後に豊田紡織本社となり、いわば

豊田商会事務所(トヨタ産業技術記念館)

トヨタグループ館(トヨタ産業技術記念館)

トヨタグループの発祥の地である。「豊田自動織機製作所（現、豊田自動織機）」や「トヨタ自動車工業（現、トヨタ自動車）」の設立総会はこの本社事務所の建物で行われた。

グループ館の奥に赤煉瓦の巨大な建物「旧豊田紡織株式会社本社工場跡」があり、その保存を兼ね、「トヨタ産業技術記念館」として活用されている。南入口を入ると目に飛び込んでくるのがバイオリンを構えたパートナーロボット、午前と午後計三回五分間の演奏がある。ロボットを境に左側が「繊維機械館」で「紡ぎ織る」歴史から最先端の織機までわかりやすく見せてくれる。事前に実演時間を調べていくと、同じ五〇〇円の入場料でも得した気分になる。ただし六五歳以上は無料とある。

入口から右手へ行くと「自動車開発と生産技術」の展示場で、とくに創業期のエンジン試作コーナーは興味深い。代表車種のプロムナードは、自動車好きの人に堪《こた》えられないだろう。

◎トヨタ産業技術記念館　名古屋市西区則武新町四丁目一番　電話〇五二・五五一・六一一五／交通　JR名古屋駅下車、徒歩約三〇分（約一・五キロ）　名鉄栄生駅下車、徒歩約三分（三〇〇メートル）

自動車館（左）と繊維機械館（トヨタ産業技術記念館）

六　火事が生んだ、道ふたつ ―堀川沿いの四間道《しけみち》と栄広小路《さかえ》―

江戸時代の寒さと火事

江戸時代は、とにかく寒かったらしい。元和《げんな》・寛永《かんえい》期（一七世紀前半）、元禄・宝永期（一八世紀はじめ）、文化から天保期にかけて（一九世紀前半）の三期はとくに厳冬がつづき、文化九年（一八一二）にはとうとう隅田川と淀川が凍ったというから半端《はんぱ》ではない。名古屋も例外ではなく、元禄・宝永時代を生きた朝日文左衛門は、日記にこの寒さを記している。火鉢ぐらいしか暖房具のない時代、「寒さ凌《しの》ぎ」の酒も時に必要だったが、文左衛門の場合はいささか「しのぎ」過ぎたようだ。ともかく彼の日記『鸚鵡籠中記』からはじめよう。

○厳寒によりて、海上氷り、熱田・佐屋など渡航を二、三日絶する。（元禄一〇・一一・二六）
○雪降る。終日曇り、積雪七寸（二〇センチ）（元禄一一・一二・一八）
○辰半過ぎより雪、夜深くして止む。積雪一尺（三〇センチ）（元禄一二・一二・一七）
○甚だ寒し、硯《すずり》水《のみず》氷る。（宝永四・一〇・四）
○甚だ寒く、日光至るところ氷柱《つらら》垂る。（宝永五・一二・七）
○氷柱長きこと尺余、草木玉を垂るるが如し。これを木氷という。（宝永六・一・一）
○連日厳寒なり。剃刀《かみそり》合わするとて湯を砥石《といし》の上に注ぐに、忽ち氷る。（宝永六・一・四）

○厳寒、硯池に点滴すれば氷る。（正徳二・一・八）

○硯池氷る。（正徳二・一・二三）

○頃日寒気ゆえか、所々道路にて乞食死する。予も間々多く見る。（正徳五・一一・二七）

○厳寒、霜、氷。頃日毎朝手ぬぐいなど氷る。（正徳五・一二・六）

○堅氷、厳寒。硯石凍り砕く。大地凍り裂く。（正徳五・一二・二五）

○美濃辺大氷と云々。木曽川など凍る。（正徳六・一・一〇）

○手ぬぐい、岩の如くなる。（享保元・一二・二）

※元禄一七＝宝永元＝西暦一七〇四年、宝永八＝正徳元＝一七一一年、正徳六＝享保元＝一七一六年

名古屋の宮の渡し（七里の渡し）や佐屋の渡し（三里の渡し）が閉鎖され、二、三〇センチも雪が積もって氷柱《つらら》が垂れ下り、水差から注いだ水が硯で凍り、池に墨が入ったままの硯が砕け、砥石に垂らした湯も凍って、濡れ手拭いが岩のように硬くなり、城下で人が凍死する。こうした現象が氷点下何度で起きるのか知らないが、当時の名古屋人は、とてつもない寒さを経験した。「木曽川や熱田の海が氷る」に至っては、小氷河期の表現も十分納得できる。こうした厳冬期がようやく明けようとする元禄一三年二月七日、火災が発生した。

○七日辰半過ぎ（午前八時頃）信行院《しんぎょういん》近所より出火。甚《はなは》だ広大に及び丑九刻《うしのきゅうこく》（翌日午前三時）消す。

○はじめ乾風《いぬい》（北西風）、のち南になり、暮れより巽《たつみ》（南東）になる。然れども皆強風にはあらず。

○長助という者、火を出す。これにて三度出火せしと。預けらる。予、賢興走り帰り、漸《ようや》く昼過ぎ鉄門《くろがねもん》へ出づ。それより玄蕃《げんば》殿前の土居へ行き、また鉄門へ帰り、御深井《おふけ》へ少しずつ火の

粉来るゆえ御深井へ行き、のち榎《えのき》多門《たもん》へ行く。

火事は信行院（現、専修寺愛知別院）近くから出火し、およそ二〇時間燃え続けて一六四九戸を焼き尽くした。はじめ北西風、次に南風となり、やがて南東風になったとあり、北から順に時計の逆回りに風向きを変えたようだ。あまり強風でなかったのがせめてもの救いで、出火元の長助はこれで

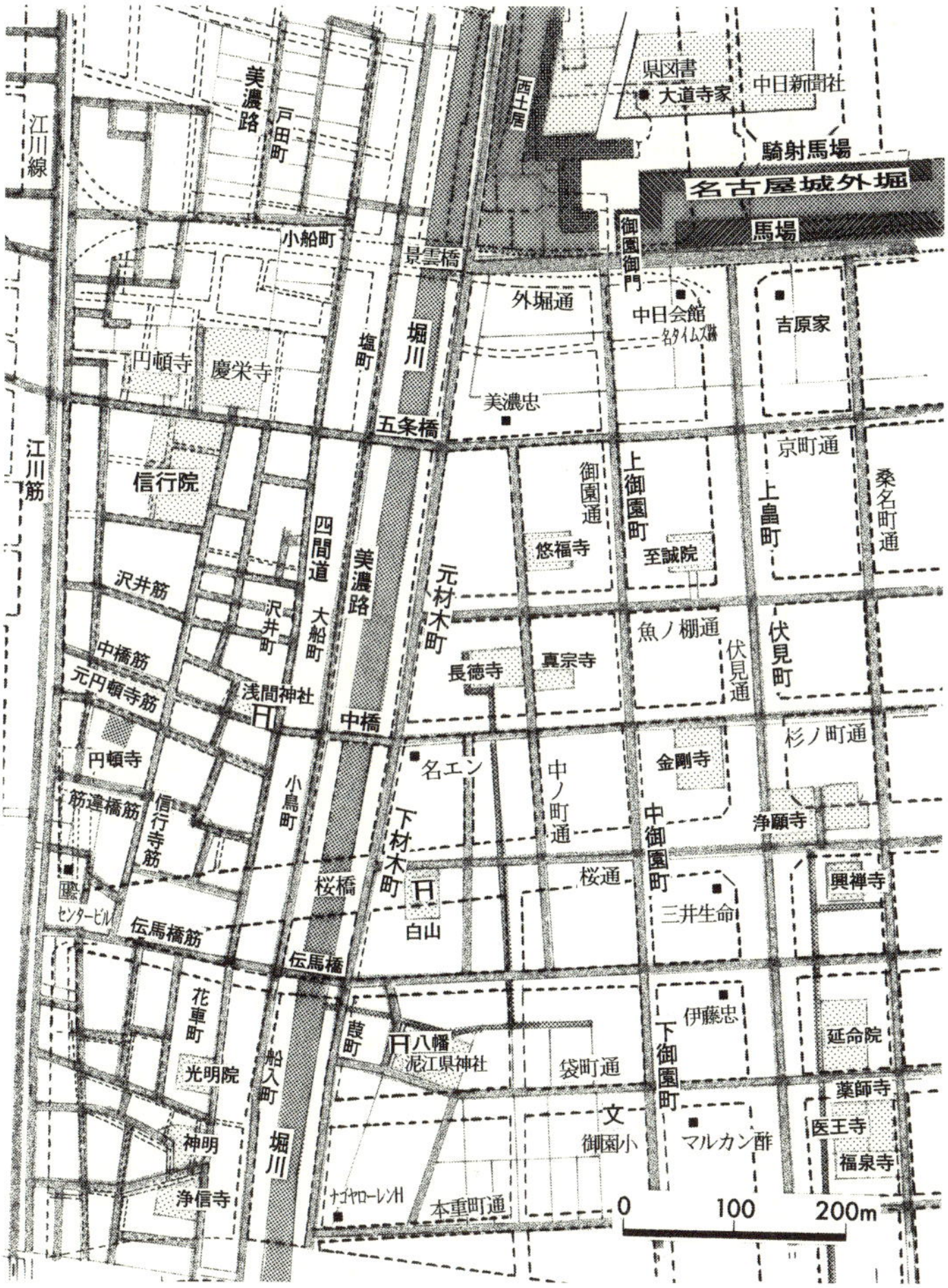

堀川沿いのまち

三度目という。

お城近くが火事と聞けば、御城代同心の朝日文左衛門は真っ先に駆けつけなければならない。しかし午前八時の出火を聞き、「予賢興、走り帰って漸く昼過ぎに鉄門に出る」とある。四時間もかかって何処から走り帰って来たのか、「予賢興走り帰り」の「賢興」がわからない。ひと月前の一月一三日条にも「儺追《ついな》。吉藤の庄屋捕えらる。○予賢興。」とあり、賢興の横に「マヽ」と付されている。つまり原文を校訂された市橋鐸氏も、意味不明だったのだろう。類似の記事は前年の三月と四月にもある。○三月一六日予、平次左と賢狂群衆甚だし。○三月廿九日予、伝兵・平左・七之右と賢狂。○四月二日予、平左と賢狂。「賢」は同じだが、「興」が「狂」に変わっている。

文左衛門は出張先の茶屋遊びでも、知られて不味いとき妙な造語・造字を連ねることがある。具合が悪ければ書かなければよいと思うが、記録マニアには通じない。連れの平左とは、向かいに住む同僚の加藤平左衛門であろう。賭け事か女遊び、いずれにせよ出火後四、五時間たってお城の鉄門に到着した。

鉄門《くろがねもん》は二之丸の東（現在の東入口。門は本丸東門に移設）と西（現在の西入口）に一つずつあり、どちらか不明だが、つづく「御深井丸」（西の丸北方）「榎多門」（現、名古屋城正門）「玄蕃殿」（大道寺邸）から推して、西鉄門の可能性が高い。玄蕃殿とは藩の重臣大道寺《だいどうじ》家を指し、ときの当主は延享二年（一六八五）に家督（四千石・従騎士二〇人）を継ぎ、元禄六年に藩家老に就任した直秀《なおひで》である。大道寺家が代々名乗っている玄蕃は、律令官制下で治部《じぶ》省《しょう》に属し外国人の取次や接待をする役所のことだが、江戸時代に用いる官途名は、実務と関係ない。幕末の大名で玄蕃頭《げんばのかみ》を称したのは井伊直弼《なおすけ》だが、彼は別に掃部頭《かもんのかみ》も称している。

大道寺家のあったのは三の丸南西角近くの御園御門《みそのごもん》を入ってすぐの所、いまの県図書館と丸の内中学の東から国道二二号までが含まれる。その広大な敷地は、大道寺家に付された二〇人の騎士と関係がありそうだ。緊急時に御園御門を固める役割である。二〇名が常時邸内に詰めていたかわからないが、屋敷には防衛拠点の意味合いがあったのだろう。そういえば本町大手門を入った正面には渡辺半蔵の広大な屋敷があり、その同心たちの住まいが百人町である。「玄蕃殿前土居へ行き」とあるのは、御園の枡形《ますがた》門の両脇、つまり南側と西側に築かれていた土手（土居）を指す。文左右門は土居の内側に設けられた石段を登り、土居の高みから火の迫りくる様子を確認して、恐怖感すら憶えたのである。

○猛火虚空に涌き、百千万の雷のごとし。予、はじめてこの如き火事を見る。別に絵図あり。具《つぶさ》に記す。見るべし。

○（被害）町方五十三町、七百三十六軒。御国方百三十一町、九百三十軒、家数合せて千六百六十九軒、借家は知れず。橋三、小橋数知れず。士家二十一軒。社三。寺十二。

○上材木町・下材木町・竹薪など皆焼失するゆえに、これより材木抔《など》値段甚だ高値なり。

堀川沿いのまち

信行院

出火場所に近いとされる信行院は、「もと正万寺町《しょうまんじ》（中区丸の内一丁目、はじめ勝鬘寺町。芭蕉の門弟杜国《とこく》が居住した）にあり、東本願寺末に属し順正寺と号していたが、明暦二年（一六五六）高田専修寺派に改め、新たに信行院と号して堀川の西へ移った」という（『張州府志』）。正万寺町ではなくその南続きの皆戸町《みなとまち》（職人町、皆が戸をつくったのが町名の由来とか）にあったとする書もあり、確かなことはわからない。さらに享保九年（一七二四）の大火（元禄の大火とほぼ同規模）で罹災し、一身田《いしんでん》高田専修寺の別院として「高田本坊」と称し、以後の城下図には「高田本坊信行院」と記載される。本堂は昭和二〇年の空襲に焼け、山門と鐘楼だけが残った。場所はいまの「専修寺愛知別院」の位置である。

長久山円頓寺

承応三年（一六五四）日蓮宗の普敬院《ふけいいん》日言上人により創建され、はじめ普敬院と号していたが、二年後の明暦二年（一六五六）京都立本寺《りゅうほんじ》（現、上京区一番）の末寺となり、円頓寺と改めた。創建当初は中橋《なかばし》筋より一つ南の元円頓寺筋に北面して建っていたが（中村区那古野一丁目四五番）、享保九年の大火で焼けたのち、現在地（西区那古野一丁目十一番）へ移った。元禄の大火のときは付近の長円寺、雲門寺が被災したが、信行院と円頓寺はギリギリまぬがれている。

円頓寺は普通に読めば「えんとん（どん）じ」で「えんどうじ」とはなかなか読めない。『尾張名所図会』は「ゑんどんじ」とル

円頓寺

専修寺愛知別院（もと信行院）

ビを付しており、江戸時代は素直に「えんどんじ」と読んだらしい。このあと「どん」が「どう」に転訛したわけで、滅多にルビを付さない旧版『名古屋市史』（大正四年）が、わざわざ「えんどうじ」と付している。この訛《なま》った読みが主流になるのは、いつ頃からだろうか。

『尾張名所図会』は「円頓寺」に「えんどんじ」とルビするが、画は明らかに現在地へ移ってからのもので、奥に慶栄寺《けいえいじ》を描いている。寺の移転は享保年のこと、これに高田本坊が加わって五条橋筋が「門前、市をなす」賑わいとなり、次第に盛り場化することで、大衆言葉としての「えんどうじ」の訛《なま》りが生じたのだろうか。ただし最近の案内書で、再び「えんどんじ」の読みを見かけるようになった。どの程度受け入れられるか、成り行きを見ている。

四間道

火災後の町の再建にあたって、防火のため堀川端の問屋筋裏を三間から四間に拡幅し、東側の盛り土を高

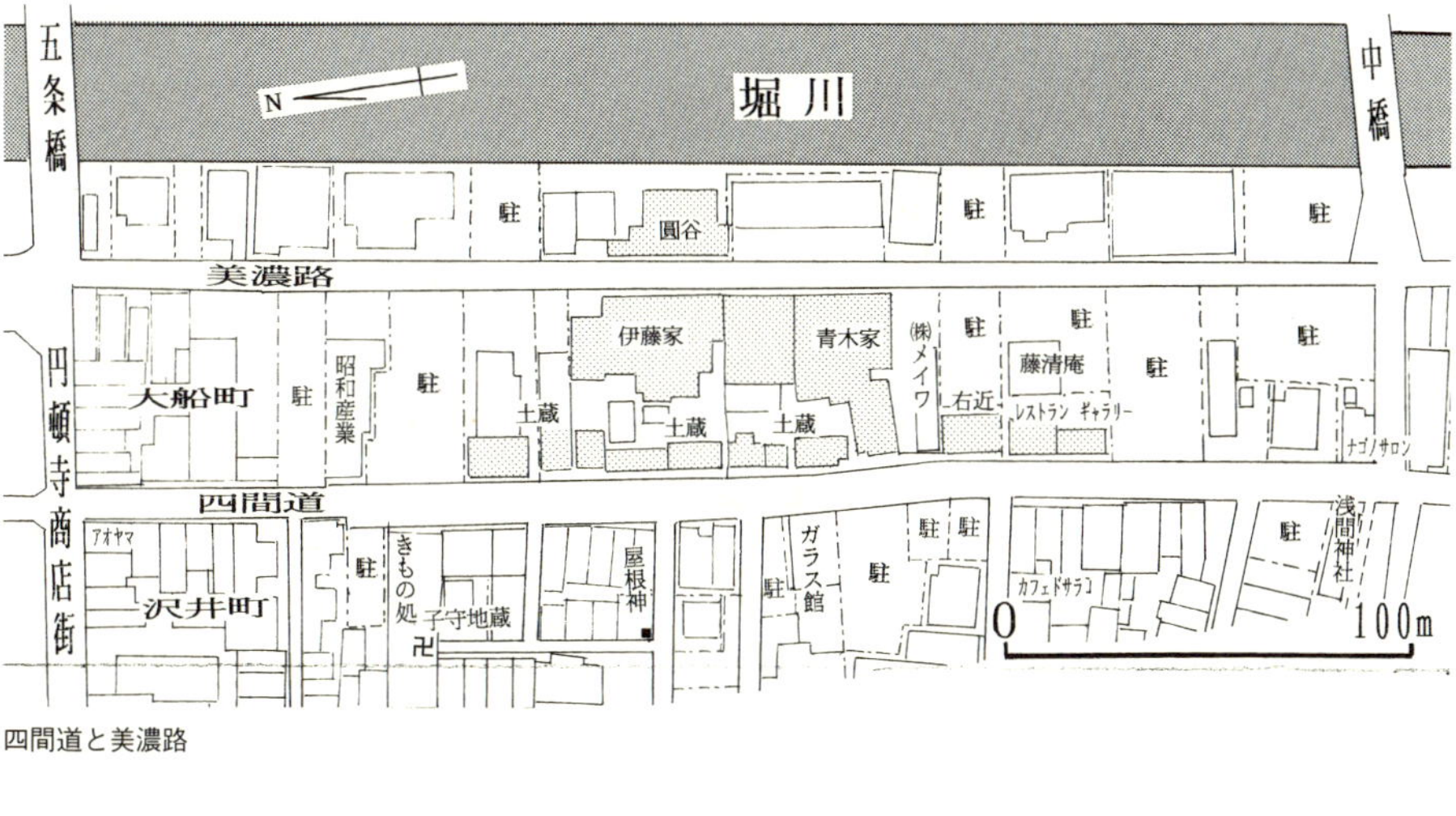

四間道と美濃路

くして土蔵造りとした。いわゆる「四間道《しけみち》」の誕生である。読みは「しけんみち」からの転訛で、これも元へ戻す試みがあるようだ。「火事の延焼を防ぐため、三間から四間に道幅を広げた」とされるものの、実際に歩いてみて、幅八メートルの道が延焼を食い止めるとは到底思われない。道の拡幅も然《さ》ることながら、東側の土蔵列による焔の遮蔽《しゃへい》と、堀川の川幅があっての延焼防止策だろう。要は、川を越えて碁盤割へ延焼するのを食い止めようというのである。

いま堀川の西側は、四間道を含め景雲橋筋（外堀通り）から桜橋筋（桜通り）まですべて「那古野《なごの》一丁目」だが、「区名」は中橋筋を挟んで「西区から中村区へ」変わる。むかしの言い方なら「大船《おおぶな》町《ちょう》と沢井町の間」が四間道である（133ページ地図参照）。道の東側の大船町に白壁の土蔵が立ち並び、西側の沢井町に格子戸のついた町屋が並ぶ。こう記すと、四間道を挟んで向かい合う町屋と土蔵がセットのように思うが、そうではない。セット関係は各町内で完結し、町をまたがることはない。

つまり大船町にとって白壁土蔵の並ぶ四間道は裏通りであり、メインストリートは堀川との間の三間道（美濃街道）の方で、通りに面して今も出格子の町屋が並ぶ。格子の向かいには、堀川から直接荷揚げするための倉庫群が建ち並び、堀川端から四間道まで「長い短冊型の土地が一筆の地」、その真ん中を美濃街道が突っ切るかたちなのである。堀川をさかのぼって来た船から荷を降ろし倉庫に運ぶ。その向かいには倉庫主《ぬし》の町屋が建ち、町屋の中庭を挟んで、裏に白壁の倉庫群、そして四間道という構成なのである。

四間道を裏通りといったが沢井町にとっては表通りで、そこに沢井町側「商家」の出格子が並ぶ。向かいの白壁土蔵は、隣町「大船町」商家の裏土蔵、だから互いの敷地幅は対応していない。「四間道」が観光の主役となったせいか、筆者も「川伊藤家住宅は四間道にある」と思い込んで

いた。住宅は、人気《ひとけ》の少ない美濃街道の方にある。（この一帯の探訪は各家に当主が住まわれている点に留意を）

川伊藤家

「名古屋には伊藤家が二つある」といわれる。もっとあるに違いないが、ここでは清洲越し商家に限った話。一つは呉服商を営みのちに「松坂屋」となる次郎左衛門家で、もう一つは、堀川端大船《おおぶな》町《ちょう》で米穀商を営む伊藤家。ややこしいから、堀川の方を「川伊藤家」と呼ぶらしい。

川伊藤家は慶長一九年（一六一四）に現在の堀川端に住み、薪炭を商った。のち味噌や米穀を商うようになり、藩の御用達として苗字帯刀、除地《よけち》（税免除）の特権を与えられた。四代目喜左衛門時代の享保四年に次男の忠左衛門が分家して現在地に住み、やはり穀物を商った。その七代目忠左衛門は、寛政年間に藤高《ふじたか》新田を入手したのち、文政年間には自ら「藤高前新田」を開発している。「新田は公称で七五万坪あり、年貢米がとれると庄内川のほとりから千石船に積んで熱田をまわって堀川へ。運輸の幹線として堀川を頼った」（大野一英著『堀川』昭和四七年）と、伊藤家一四代当主伊藤俊彦氏が語られている。米穀商といっても、

川伊藤家住宅

桁が違うようだ。

美濃路に面して建つ伊藤家住宅は、愛知県の指定文化財になっている。主屋は木造、桟瓦葺《さんがわらぶき》、表に低い二階がつく。間口三〇メートルと広く、年代の異なる三棟が繋がれているが真ん中の「本家《ほんや》」が最も古い。もとは正面が土庇《どびさし》（地面を覆う庇）で、裏手の地尻《ちじり》（敷地の端）に土蔵が建ち並び、四間道に面している（新訂『名古屋の史跡と文化財』）。美濃路を挟んで向かいに建つ倉は、むかしは堀川からの荷揚げ倉庫だったらしいが、いまは「圓谷《まるたに》」という名の酒蔵《バー》になっていて、入口から覗くと「蓬莱泉」と大書した酒樽が二つほど置かれていた。

青木家

川伊藤家と並ぶ大船《おおぶな》町の主は、塩の青木家だ。なんでも信長時代には知多半島の成岩《ならわ》で塩の製造をしていたというが、青木清兵衛のとき清洲に移り、知多屋新四郎を名乗って米・塩問屋を営んだ。三代目の清左衛門が慶長一五年（一六一〇）に清洲から名古屋に移り、塩問屋をはじめて以後塩一筋に三五〇年、屋号は「知多新」。やがて五条川橋の北に塩商人が集まりはじめ、寛文七年（一六六七）に堀川片町から塩町《しおちょう》に改名したが、青木家が塩問屋のリーダー役を務め、近代に入り大正八年に「名古屋塩業合名会社」を設立し、昭和三七年に「名塩食品」となった。

現在の四間道に面した青木家裏口に「説明版」があり、ほぼ右記の内容が書かれている。そこから北へ三棟の土蔵が青木家のもので、その向こう三棟が川伊藤家、あとの二棟は別家の所有らしい。同じ並びの和食レストラン「右近」は蔵を改造したものだが、新聞の紹介記事に蔵の所有は川伊藤家と出ていた。

浅間神社

中橋を渡った突き当たりが浅間神社で、四間道の西南の端にあたる。ここだけ鬱蒼とした感じがするのは樹齢三〇〇年を超すといわれるケヤキとイチョウのせいだ。わずか数本で、境内を覆い尽くし、夏はひんやりとした木陰を作ってくれる。

『尾張志』は、この神社が広井村の阿原《あわら》に在ったと記す。阿原といえば清須市阿原中之切に鎮座する「河原《かわら》神社」いわゆる「星の宮」を連想する。眼病に効くとされ境内に二つの「神眼池《しんがんいけ》」がある。最寄り駅は城北線の「星の宮」で歩いて五分、駅名にもなるくらいだから、知られた神社だと思うが、阿原に在って何故「河原」なのかそこがわからない。それはともかく、正保《しょうほう》四年（一六四七）に阿原から現在地へ遷座したという。祭神は木花開耶媛《このはなさくやひめ》で境内社として稲荷、天神の合殿のほか津島・秋葉・須佐之男社を祀る（旧版『名古屋市史』）。

青木家から伊藤家にかけての土蔵列

浅間神社

万治の大火の記録

朝日文左衛門は元禄一三年（一七〇〇）の大火のあとに、「万治三年子正月十四日の火事を記す」とし、ちょうど四〇年昔の大火記録を次のように書き留めている。

○未の上刻出火。寅の上刻に消ゆ。士家百十二軒（二十軒?）、寺三十、町屋二千六百二十八軒。町数八千六百二十三間三尺、町中へ下され物、千貫匁・榑木《くれき》五万丁・松木五万本、御家中へ高百石につき金十両に榑木百丁ずつ下さる。

四〇年前は、まだ文左衛門が生まれていない。おそらく父親が書き留めた記録から引いたのであろう。「正月気分も冷めやらぬ一四日の午後一時頃に出火、日付の変わった一五日の午前三時頃まで一二時間以上燃え続けた。藩士の家一一〇軒以上、寺院が三〇、町家は二六〇〇軒以上が焼けた。藩士には一〇〇石につき一〇両と榑木《くれき》一〇〇丁ずつ下され、町人にも二万五千両と榑木五万丁、松材五万本を下賜された」という内容である。

『尾藩世記』（阿部直輔《なおすけ》著・明治八年脱稿、尾張藩の通史）は「万治三年正月十四日、名古屋大火あり。市街過半焼失。堀川橋悉く燼《やきつく》す。翌十五日に至り、鎮火」と記し、「別記」に「伏見通りの北西角に住む藩士吉原助太夫宅が火元で、一時鎮火ののち、今度は本町筋の花井家はじめ数か所から火が出て翌日夜明けまで燃え続け、結局堀切通り（のちの広小路）を過ぎ矢場町辺りまで延焼した」ことを記す。

『正事記《まさことのき》』（津田藤兵衛著・一六六五年頃成立の日記風随筆）も次のような記事を載せている（口語訳）。

○一四日申の上刻に、当地伏見町角の片端「吉原助太夫」の屋敷から出火、本家書院長屋に至るまで屋敷中の家は一軒残らず焼失。当春は雨が降らず、毎日昼頃より夜明けまで西北風強く吹き、例年の冬よりも寒かった。今日は殊更《ことさら》風烈しく炎は東南に飛び、同時に本町二丁目杉ノ町通の角、上使宿「花井家」より火が出たと騒ぐうち、伝馬町も焼けたと町中上を下への騒ぎである。

○惜しいかな、名古屋栄えて四十余年、国穏やかに民は豊かになり、町中も日を追って賑わうなか、本町や七間町の三階屋や贅《ぜい》を凝らした家々も皆焼け失せた。諸国へ聞こえた桜天神の名木の桜も、数々の仏閣も灰になった。折からこの火事は徒党の「付け火」との噂も流れ、御目付衆や町奉行が町々に散り、目を光らせている。

『正事記』の著者津田は寛永六年（一六二九）生まれであり、三二歳でこの大火を経験している。同時代の記録であり、記事は名古屋だけでなく江戸屋敷の対応（藩主光友）についても詳しく記している。ここに載せたのは、ほんの一部に過ぎないが、どの史料も「万治の大火が契機となって堀切通りが拡幅され、広小路通りが造られた」ことを記す。

旧版『名古屋市史』政治編は「町中道路狭くして、諸事の不便少なからざりしかば、この大火を機会として市区の改正を行い、小路を広め、殊に堀切通は幅員十五間となしたり。これ後年、広小路と称して士民行楽の地となりしものなり」と解説している。市史の「一五間拡幅」は『正事記』の「町中道せばく諸事の便あしき（悪しき）とて、小路を広く割り直し、堀切通りは巾一五間の広小路になる……」を踏襲している。従来の道幅三間（五・五メートル）が突然一五間（二七・二七メートル）になったわけで、この広い道路のどこを歩いたらよいか、住民たちは面食らっただろう。拡幅は火事の延焼を防ぐためとされているが、「ほぼ燃え尽きる辺りに防火帯を造るのはおかしい」とし、むしろ「賑やかな町づくりや、変事が起きた時の兵馬の集結地が目的」（水野時二）とする意見もある。後者は、結果論だろう。

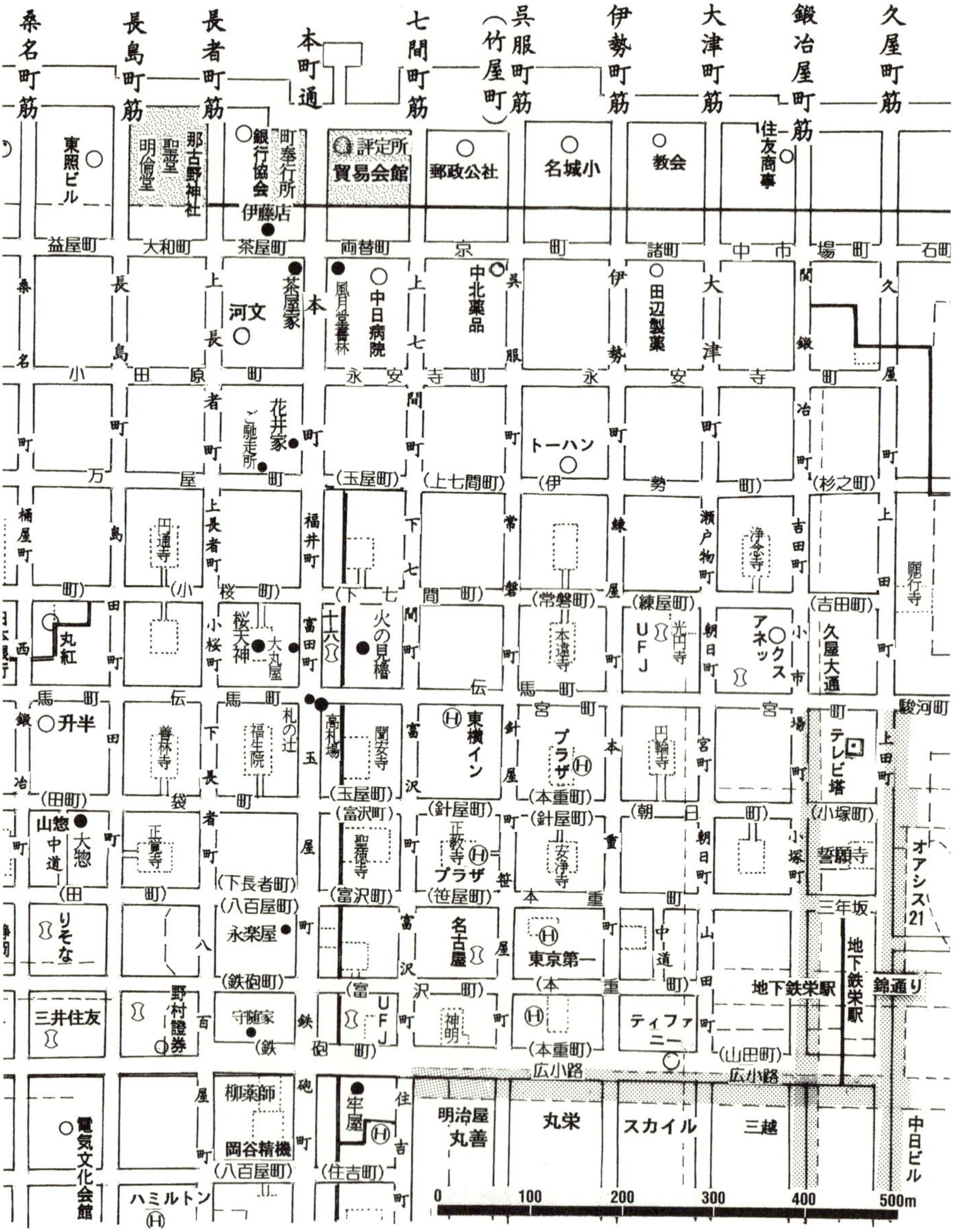
桑名町筋
長島町筋
長者町筋
本町通
七間町筋
呉服町筋
（竹屋町）
伊勢町筋
大津町筋
鍛冶屋町筋
久屋町筋
東照ビル
那古野神社
聖堂
明倫堂
町奉行所
銀行協会
伊藤店
評定所
貿易会館
郵政公社
名城小
教会
住友商事
益屋町
大和町
茶屋町
両替町
京
町
諸町
中
市
場
町
石町
茶屋家
風月堂書林
中日病院
中北薬品
田辺製薬
河文
小
田
原
町
永
安
寺
町
花井家
ご馳走所
トーハン
万
屋
町
（玉屋町）
（上七間町）
（伊
勢
町）
（杉之町）
桶屋町
円通寺
上長者町
福井町
下七間町
常盤町
練屋町
瀬戸物町
浄念寺
吉田町
上田町
願行寺
（小
桜
町）
（下
七
間
町）
（常盤町）
（練屋町）
（吉田町）
丸紅
小桜町
桜天神
大丸屋
富田町
十六
火の見櫓
本遠寺
UFJ
光円寺
朝日町
アネックス
小市
久屋大通
伝
馬
町
升半
鍛冶
善林寺
福生院
札の辻
高札場
関安寺
東横イン
針屋
プラザ
円輪寺
宮町
宮
町
駿河町
テレビ塔
上田町
（田町）
（玉屋町）
（本重町）
山惣
中道
大惣
正覚寺
（富沢町）
（針屋町）
（針屋町）
（朝
日
町）
（小塚町）
正教寺
安浄寺
小塚町
誓願寺
オアシス21
（下長者町）
（富沢町）
（笹屋町）
本
重
町
三年坂
（八百屋町）
りそな
永楽屋
名古屋
東京第一
中道町
山田町
地下鉄栄駅
（鉄砲町）
（富
沢
町）
（本
重
町）
三井住友
野村證券
守随家
UFJ
神明
ティファニー
錦通り
（鉄
砲
町）
（本重町）
（山田町）
広小路
広小路
屋町
柳薬師
牢屋
住吉町
明治屋
丸善
丸栄
スカイル
三越
中日ビル
電気文化会館
岡谷精機
（八百屋町）
（住吉町）
ハミルトン
0
100
200
300
400
500m

名古屋御城下碁盤割の新旧対処照図

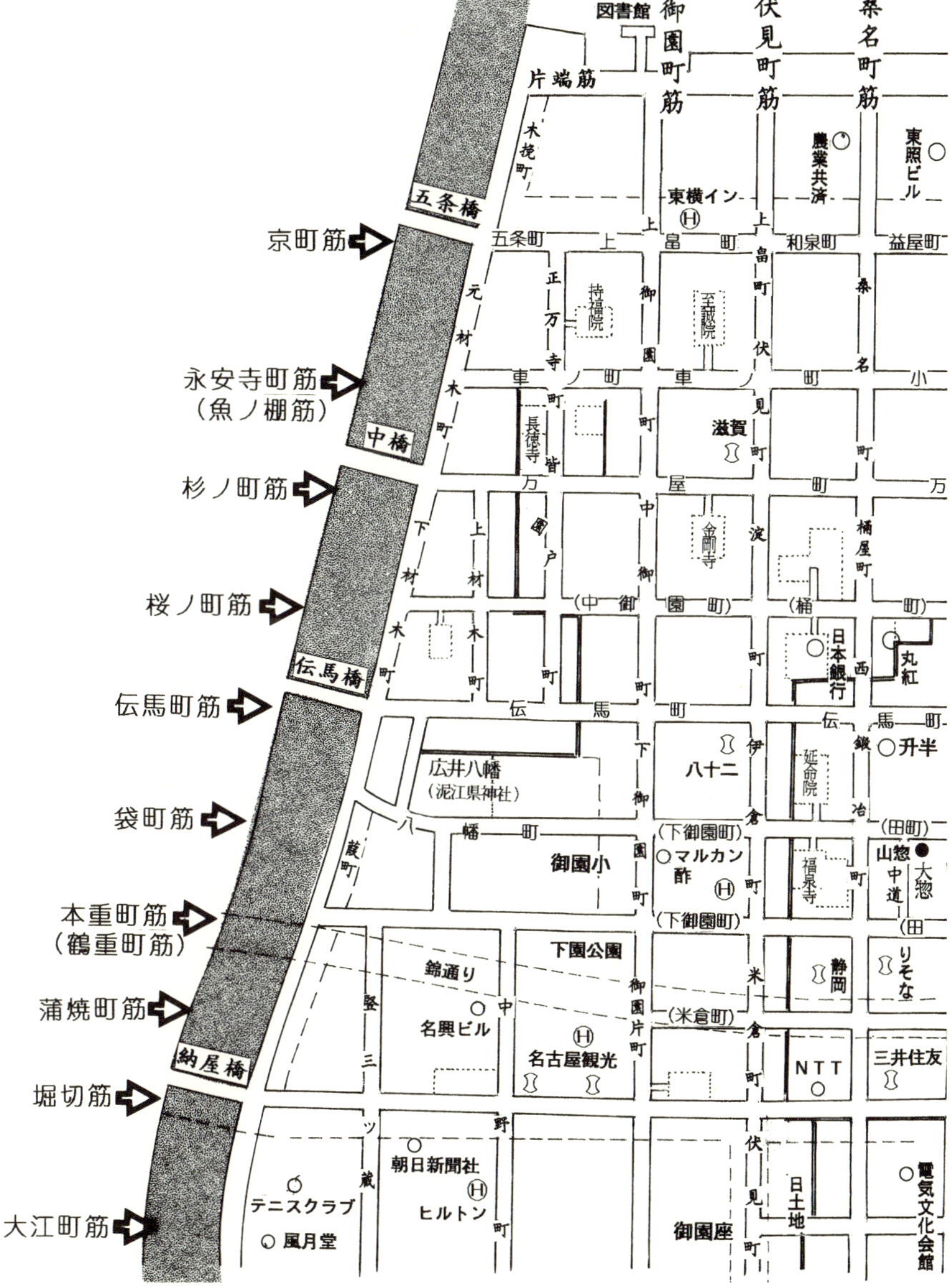
図書館
御園町筋
伏見町筋
桑名町筋
片端筋
五条橋
中橋
伝馬橋
納屋橋
京町筋
永安寺町筋
（魚ノ棚筋）
杉ノ町筋
桜ノ町筋
伝馬町筋
袋町筋
本重町筋
（鶴重町筋）
蒲焼町筋
堀切筋
大江町筋
東横イン
農業共済
東照ビル
五条町
上畠町
和泉町
益屋町
持福院
至誠院
車ノ町
万屋町
長徳寺
滋賀
金剛寺
日本銀行
丸紅
（中御園町）
伝馬町
広井八幡
（泥江県神社）
八十二
延命院
升半
八幡町
御園小
マルカン酢
（下御園町）
福泉寺
山惣
大惣
下園公園
錦通り
名興ビル
名古屋観光
（米倉町）
静岡
りそな
NTT
三井住友
朝日新聞社
ヒルトン
テニスクラブ
風月堂
御園座
日土地
電気文化会館

広小路という名称

名古屋の広小路をはじめ、全国に数ある「広小路」という名前に疑問を感じ、その答え（らしきもの）を探したのは、大野一英氏の『広小路物語』が最初である。つまりこういうことだ。

○小路《こうじ》は大路《おおじ》に対する呼び名で、大路が広い路なら小路は狭い道、小路に《広》をかぶせた広小路は《狭くて広い道》となり、狭いか広いか分からない。広いというなら《小路》ではなく古代からある《大路》とすればよい。

大野氏曰く「『旧版名古屋市史』は万治の大火を機会として小路を広め、広小路と称して、士民行楽の地となりしもの」と説明するが、どうも納得がいかない。そこで調べたところ、尾張の物知り博士市橋鐸氏の秘蔵本に「非常に賑やかな所なので、《この広い町も、狭い小路のように》感じられる」とあったそうだ。要は「細い大根」と同じ理屈らしい。

広小路は長者町筋まで『尾張名所図会』に描かれている（北西からの俯瞰図）。図の中央で広小路と交差する「狭い道」が本町《ほんまち》通《どおり》、碁盤割の三間道（幅員五・四メートル）より広い五間幅（九メートル）あるが、それでも広小路の三分の一しかない。画は全体に大げさに描かれていて、とにかく人の数がすごい。図中の文は滝沢馬琴の『羇旅漫録《きりょまんろく》』を引き、「夏の日納涼の地は、広小路薬師前なり（数十軒の茶屋見世物芝居等出揃って甚だ賑わえり）。柳の薬師より広小路の景色、江戸両国薬研堀に髣髴《ほうふつ》たり」（『羇旅漫録』廿六「名古屋の評判」）と記している。

右手正面の茶店や楊弓の店が立ち並ぶ奥が臨済宗「古松山新福院《こしょうざんしんぷくいん》」で、門内に柳の大木があることや本尊の薬師如来が柳の材で彫られていることから、「柳の薬師」と呼ばれるようになった。

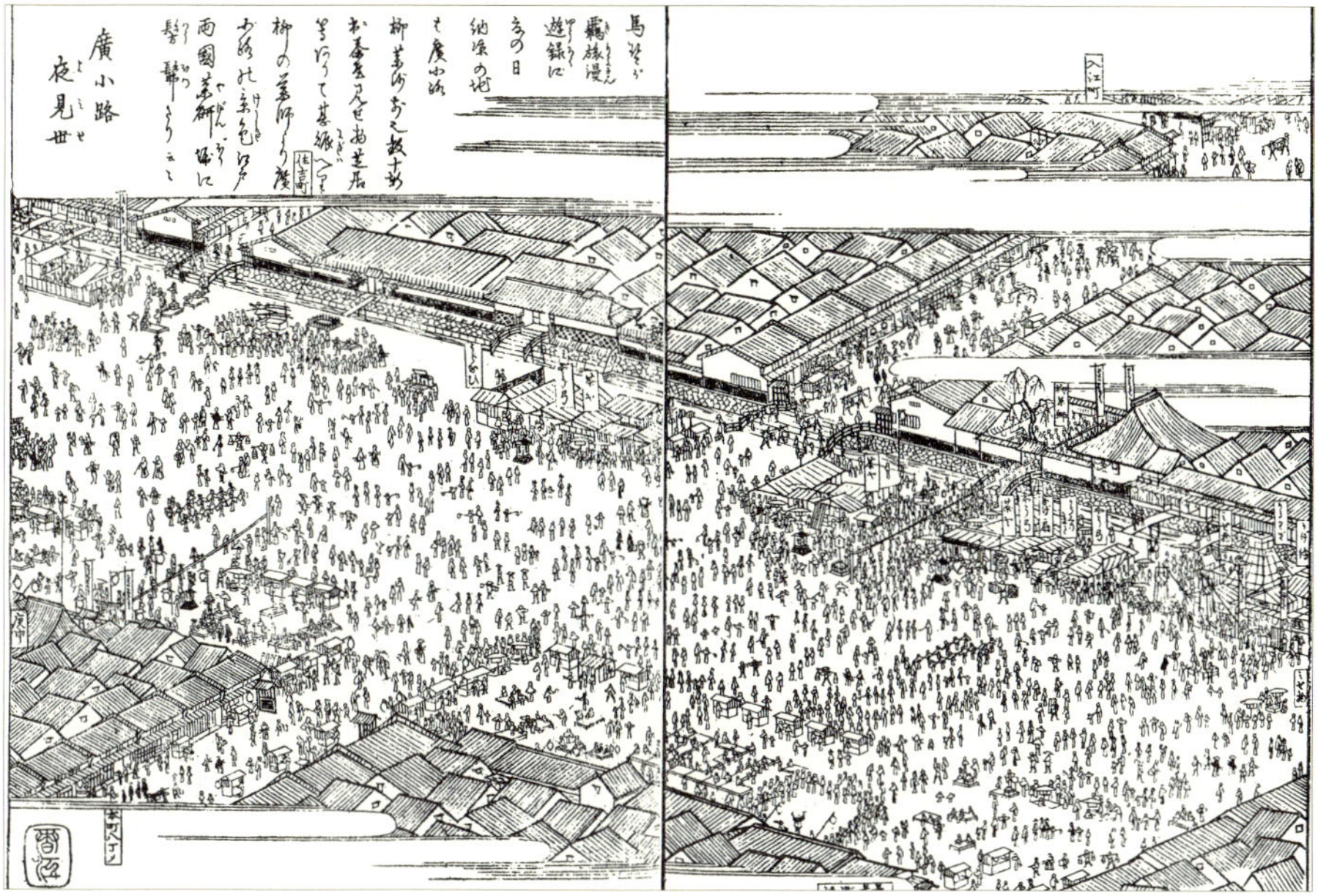

広小路夜見世　　尾張名所図会巻一

毎年五月から七月まで夜開帳があり、とくにこのときの賑わいを馬琴は記しているのである。

図の左側正面が「広小路の牢屋」で、住吉町と本町との間にあって広小路に面している。細い橋の前にある囲いは、晒《さら》し場であろうか。右端を見ると、わずかに長者町筋との交差が描かれていて、家の屋根が広小路を塞《ふさ》ぐようにはみ出している。図には見えないが、右奥のところに三間巾の「堀切通」が通じ、この先納屋橋まで続いている。要するに広いのは長者町筋までで、その先納屋橋までは狭い三間道のままなのである。

長者町の先、笹島まですべて「広小路」となるのは明治になってから、東海道線「名古屋停車場（ステッション）」が現在の笹島に設けられたときである。鉄道建設に必要な資材が知多半島の半田港へ陸揚げされ、武豊からは鉄道で敷設現場へ運んだ。そのため最初の鉄道敷設は、武豊から大府経由熱田までで、続いて一宮まで延び、このときに名古屋停車場がオープンした（明治二〇年五月）。それに間に合わせるため資金（寄付金）を半ば強引に募り、駅前通りにあたる「長者町～停車場（笹島）間」の拡幅を実現したのは、当時の名古屋区長吉田禄在《ろくざい》（一八三八～一九一六）である。ちなみに東海道線の全線開通はその二年後で、資材搬送の「武豊～大府間」は武豊線として残された。はじめ蒸気機関車、そのあとはずっと気動車（ジーゼルカー）だったが、今年（平成二七年）二月ようやく電化が実現し、東海道線からの乗入れ本数も倍増した。武豊線は東海道線の陰の功労者なのである。

広小路を歩く

丸善書店

広小路のぶらり歩きを「広ブラ」というらしい。広小路界隈に詳しいわけではなく、今まで見聞きしたうち印象に残る話を二、三紹介して、この「歴史歩き」を閉じることにしたい。

まず懐かしく思い出すのは、明治屋と隣り合っていた「丸善書店」である。

東京丸善の創業は明治二年の元旦、登記簿の社名「丸屋商店」の代表者欄に架空の人物「丸屋善八」を載せ、一号店の日本橋店には、一つ少ない「丸屋善七店」の名を付した。ともに「丸善」で通じる。創業者の早矢仕有的《はやしゆうてき》は福沢諭吉の弟子で、一説には「ハヤシライス」の生みの親ともいう。ともかく明治時代の学術、文化を引っ張ったのは、この丸善であった。

五年後の明治七年四月に名古屋支店（丸屋善八店）が錦二丁目にオープンし、書籍の外に薬も扱った。その後店は丸の内二丁目、同三丁目と移転し、経営も七宝焼きを扱う村松彦七から野崎覚次郎へと変わり、野崎のとき薬店と書店が分離（明治三一年）、書店の方はもと丸屋社員の佐藤次郎に譲渡された。明治四五年、佐藤は店舗拡張のため栄三丁目（のちのオリエンタル百貨店東北角、現三越百貨店）に移転し、大正二年に商号を「合名会社名古屋丸善書店」に改称した。店の名も「丸善株式会社名古屋支店」とされたのは大正一一年のことで、新店名の看板を掲げた写真が、よく本に引用掲載されている（服部鉦太郎『明治・名古屋の顔』、大野一英『広小路物語』）。

昭和になって新たに赴任した支店長司《つかさ》忠《ただし》氏は、昭和五年明治屋ビルの隣の土地を買収して半地下・地上四階建ての赤レンガ新社屋を完成させた（昭和八年）。その後昭和四〇年に地上九階の「丸善名古屋ビル」に建て直されたが、多くの人に懐かしいこの丸善ビルも、平成二四年建て替えのため取り壊された。

平成に入って丸善の経営が悪化する。ちょうどバブルがはじけたころで、悪化の理由はいろいろあるだろうが、根底には国民の「読書ばなれ」がある。一概に「本ばなれ」といえないのは、特定の本や雑誌は店頭に山と積まれ、読書とは無縁なかたちで売れているからだ。それは明治以来営々と築かれてきた「読書文化」とは異質なものだ。

丸善は平成一七年に産業再生法の適用を受けて再建計画を実施、平成一九年に大日本印刷と資本・業務提携し、翌年同社の子会社と

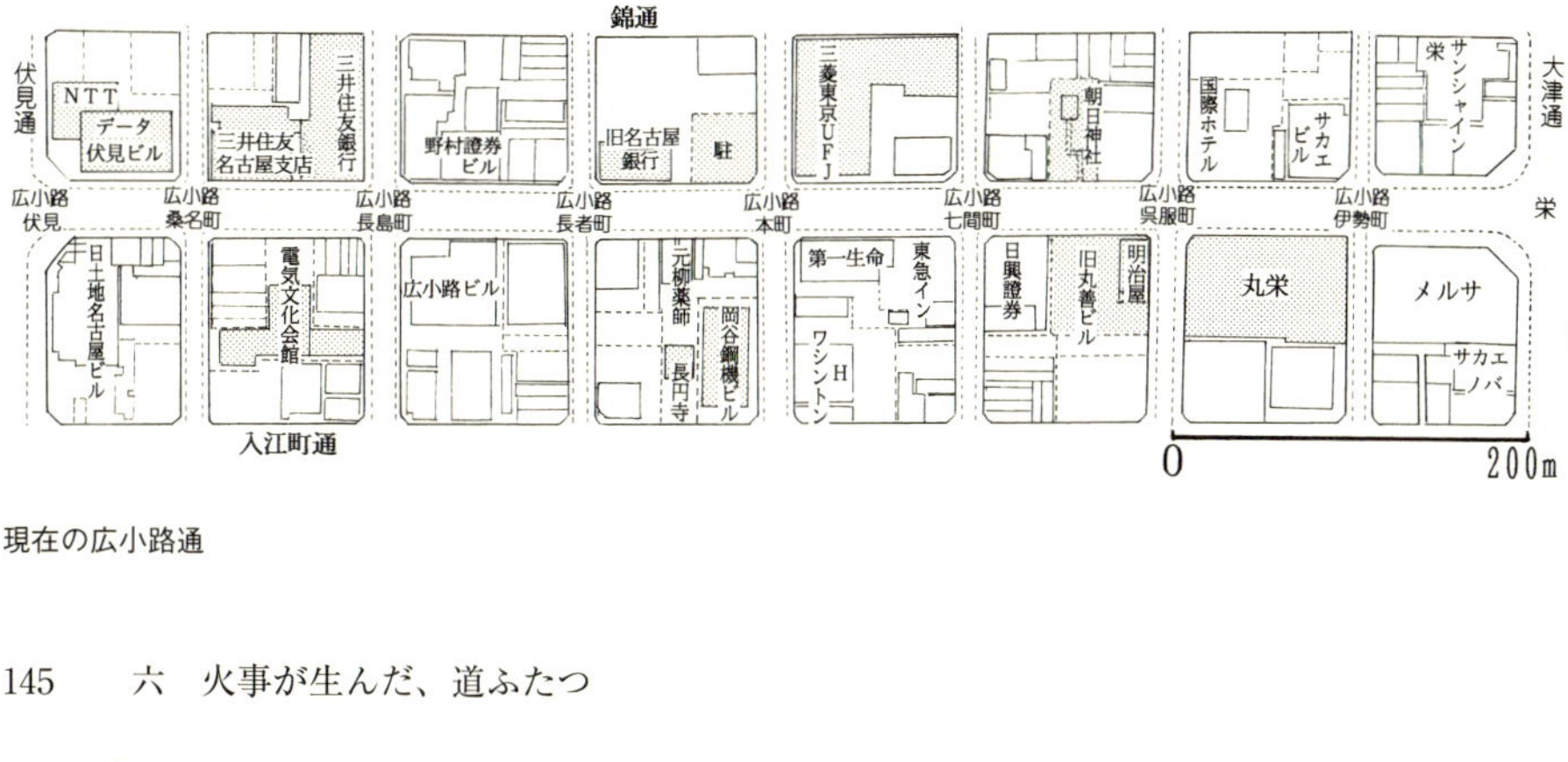

現在の広小路通

なった。さらに平成二二年、丸善と図書館流通センター、ジュンク堂書店が経営統合、現在は商号が「株式会社丸善ジュンク堂書店」に変更された。丸善の入店していたビルが建て替えのため、平成二四年に退店し、隣接する丸栄百貨店の六、七階で営業を続けている。このまま丸栄に？と思っていたら、四月七日（平成二七年）付「中日新聞」朝刊に「丸善名古屋本店」を中区栄の伊勢町通沿いにオープンする、と出ていた。丸栄百貨店の一ブローク南に平和不動産が建てた新築ビルへの移動で、延べ床面積は丸栄店（名古屋栄店）の二倍になるという。ただし丸栄店も規模を縮小して存続するとのこと、新築の本店には専門書を集約するとあるから、千種「正文館」の二つの店舗のような住み分けになるのだろう。丸善の場合さらに二ブロック南に「ジュンク堂ロフト名古屋店」があり、丸善と同じ経営母体なので、さらなる住み分けが必要だ。ゲラの校正をしていた四月二八日の夕刊に、新しい丸善ビルオープンの記事が大きく取り上げられていた。読書文化の拠点として発展することを祈りたい。

明治屋

丸善書店で本を買った帰りに明治屋をのぞく、これがコースだった。その明治屋も店を閉じ、いまは身の振り方もわからぬといった態で、無人となったビルがしょんぼり建っている。時折懐かしそうに「明治屋」の看板文字を見上げながら通る人、なかに写真を撮る人もいる。

明治屋は明治二八年に横浜で開業した高級な輸入食品を扱う店である。その名古屋栄ストアーが昨年（平成二六年）の五月に閉店し、七六年の歴史に幕を下ろした。昭和一三年に建てられた地下二階・地上六階の鉄筋コンクリートのビルで、今の持ち主であるソフトウエア開発会社が建て替えを決めたという。惜しむ声もあるが、耐震の問題もあり仕方ないのだろう。

明治屋で買い物といっても、洒落たワインやチーズとは縁がなく、調味料か果物を買うことが多かった。あるとき調味料の棚に「煎酒《いりざけ》」を見つけびっくりした。朝日文左衛門が『鸚鵡籠中記』に記す献立に、必ずこの「煎酒」が出てくる。酒といっても飲む酒ではない。酒に削りカツオと梅干を入れて煎じ詰めたもので、刺身や鮨の白身魚には醤油よりも合う。醸造研究で知られる小泉武夫氏は、独自の配分の煎酒を工夫して親しい鮨屋《すしや》に伝授し、大いに好評を得たという。ちょうど「日本の食文化に歴史を読む」（春日井シンポジウム）を企画していた時で、コーディネーターの森浩一先生に進呈したところ「あれ、うまかったよ」と満足されていた。明治屋というとこの煎酒を思い出す。森先生が逝かれたのちは小泉氏や民俗学の野本寛一氏、歴史学の福岡猛志氏の指導のもとに「東海学シンポジウム」と改称し、文化の灯を消さぬよう頑張っている。

新しい丸善ビル

旧明治屋ビル

丸栄百貨店

新聞に毎年の「百貨店の伸び」が数字として発表される。細かなことは覚えていないがJR名古屋タカシマヤの急成長と、丸栄の停滞が記憶に残る。他の百貨店同様、丸栄の歴史も古い。

名古屋城の築城がはじまった元和元年（一六一〇）以降、清洲から武士や商人が猫も杓子も引き連れて城下へ移り住んだ頃、清洲以外からも新天地を求めて移住した商人たちがいる。たとえば摂州音羽村（現、大阪府茨木市）から小出庄兵衛なる男が噂を聞いて玉屋《たまや》町《ちょう》に移り住み、「十一屋《じゅういちや》」の屋号で小間物を商った。

玉屋町とはいまの「伝馬町通本町《ほんまち》」交差点から「錦通《にしきどおり》本町」交差点までの本町通り両側と、ホテル「ガーデンパレス」前の通りをいう。「伝馬町通本町」は江戸時代の「札の辻」、つまり碁盤割の「原点」で、すべての旅程は此処《ここ》から測られた。近代に入ると国・県道の起終点を示す「道路元標《ひょう》」がこれに代わり（昭和二七年廃止）、その復元された標識が「広小路本町」東南角に建てられている。玉屋町は清洲《きよす》時代の「下本町《したほんまち》」を町名としていたが、貞享四年（一六八七）に「玉屋町」への改称を願い出た。商人町として「下」の字を嫌ったのだろう。玉屋の名称は「宝玉の心を考えて」とあるが、要は目出度い名を選んだということだ。

小出庄兵衛はこの玉屋町に「十一屋呉服店」の店を構え（一六五四年）、やがて藩の御勝手《おかって》御用達《ごようたし》七《しち》家《け》衆《しゅう》（伊藤、関戸、内田の三家衆に次ぐ、岡谷惣助らと同じランク）となり、お目見え帯刀のほか七人扶持を賜わって除地《よけち》（免税地）一〇町を得ている。除地は所有の新田に対するもので、熱田前新田南の山藤新田（一八一七年）のうち荒子川河口に近い右岸を所有しており、いまも港区に「十一屋町一〜三丁目」の町名が残る。あおなみ線の「稲永《いなえい》駅」北側一帯である。

話は近代に飛んで大正一五年（一九一五）、十一屋呉服店は木造二階建ての店舗を建てて栄（いまの栄町ビル・国際ホテル敷地）に進出、その後改築と増築を重ね、昭和一一年には鉄筋コンクリート地下二階・地上七階、売り場面積も一万平方メートルまで拡張した。そこへ強力なライバルが現れる。広小路を挟んで十一屋の向かい（現、丸栄本館）に地下二階・地上八階、売り場面積は十一屋の三倍という「三星《みつぼし》」の出店計画である。経営は京都「丸物《まるぶつ》」の創始者中林仁一郎《にいちろう》（一八九一〜一九六〇）、大正九年（一九二〇）京都駅前に「京都物産館」を開いてのち、急速に伸びた会社で、昭和に入ると岐阜柳ケ瀬をはじめ豊橋、大垣、北九州八幡《やわた》、新宿、池袋などに店を出した。名前に馴染みがないのは、創業者が亡くなると急速に衰え、いま池袋店から引き継ぐパルコだけになったからである。

ところで、三倍規模の「三星」は実現しなかった。戦争の足音が近づくなか鉄資材が不足し、結果的に十一屋とほぼ同規模の店となった。しかしスプリンクラーやエスカレーターを備えた近代的設備では十一屋を凌《しの》ぎ、以後両者の間ではげしい販売合戦が繰り広げられた。それも五年余のこと、戦争がはじまり時局が悪化すると「企業整理令」が出され、昭和一八年に統合の第一号として十一屋と三星の対等合併が実現した。「丸栄」の誕生である。売場は十一屋側のみとし、三星の建物は「名古屋貯金局」に接収された。そして昭和二〇年の空襲で十一屋も三星ビルも焼失し、何もかも無くなった。

戦後の昭和二二年、旧三星つまり現在の丸栄の場所で、営業が開始された（新装開店は昭和二八年）。向かいは観光ホテル丸栄や映画館（丸栄ピカデリー劇場）となった。昭和三〇年代に入ると名鉄百貨店の開店やオリエンタル中村の新装開店の影響で売り上げが伸び悩み、系列ホテルの不振もあって、縁戚関係にある興和産業の人的支援や地元銀行の資金援助に頼らざるを得なくなった。しかし事業整理や経営の合理化で難局を乗り切り、新たな経営戦略として事業経営の多角化（国際フードサービス、名古屋国際ホテル、丸栄ハウジング、一宮名鉄丸栄百貨店、栄ストア、立体駐車場、丸栄スカイル、ニューサカエビル、サカエノバの設立）をめざすことになる（『丸栄五十年史』ほか）。しかし順調な回復は平成のはじめまでで、バブルの崩壊と共に再び経営は悪化する。その立て直しのため様々な試みがなされたが、回復には至らず、いまは興和の子会社となり、百貨店経営も本館のみに縮小した。興和が一時百貨店業からの撤退を仄《ほの》めかしたのは、ショック療法のつもりだったかもしれない。

歴史あるものが失われていくのは、口惜しいことである。いっそのこと年寄りに特化し、「老人ものなら何でも揃う」徹底した老人向け店舗とし、休息の場として本の揃った喫茶室でも設けてくれれば、筆者も常連になるだろう。部屋の片隅に孫への土産物販売コーナーを置いてくれると有難いし、若い女性店員さんが配されれば、なお良い。

電気文化会館

戦前の地図を見ていて、今の「電気文化会館」の位置に「電気百貨店」があったのを知り、「へぇー」と思った。広ブラと無縁の者には「電気文化会館」という名前自体、何となくしっくり来なかったからである。以前「リニモ」が何故浮くのか知りたくて、資料探しに此処《ここ》を訪れたことがある。「磁石の反発で浮くに決まっている」とお考えの方は、誤りである。それはリニアの方で、リニモの場合は「吸引型磁気浮上」とある。引き合えば線路にくっ付いてしまうのに、と不思議に思った。むろん今は理解していて、そのことは『愛環鉄道』（下）に書いた。電気文化会館を訪れて、おそらく受付で妙な尋ね方をしたのだろうが、「丁寧に応対された」という印象がずっと残っている。

今回も受付で「電気百貨店」のことを尋ねると、「お客様、よくご存じですね」とまず褒められた。電気百貨店は昭和七年に東邦電力（現、中部電力）が建てた施設で、ラジオ、アイロン、扇風機など、当時最先端の電化製品が並べられていて、市民に人気の大型家電店だったらしい。更にそのむかしは此処が発電所だったと教えられ、詳しくは四階の展示場の歴史コーナーを見学するよう案内された。四階に行ってみると福沢桃介の胸像があり、三井銀行の矢田績《せき》が名古屋電燈会社に引っ張ってきて、三代目の社長に据えたことを思い出した（110ページ参照）。それにしても広小路通近くに火力発電所があったなど、想像もつかない。その経緯は次のような話らしい。

明治に入り多くの士族が没落していくなか、尾張藩の士族を代表して三浦恵民《けいみん》が上京し、政府に産業資金貸付けを陳情、県に対し勧業資金一〇万円の割当てを獲得した。このうち七万五千円が「名古屋電燈」に貸し付けられ、明治二〇年九月に「名古屋電燈株式会社」の事業申請を行い、翌二一年年八月三浦恵民を社長として正式に会社を設立、当初の本社は門前町阿弥陀寺内に置かれた。

名古屋電燈会社　　尾張名所図会

電気文化会館

本社が大須のお寺とは不審だが、名古屋市役所の前身である「区会所」（市になる前は「名古屋県第一大区」であった）も、一時阿弥陀寺に置かれていた。そういう場所だったらしい。

一方、南長島町（当時の正門が南長島町に面していたのか）に火力発電所が建設され、明治二二年の暮れ、東京、大阪、神戸、京都に次いで送電を開始し、一二〇戸の四〇〇灯が点灯した。この時の様子が『尾張名所図会』（宮戸松斎著・明治二三年）に描かれている。少々大げさな文章だが、挿絵と併せて読むと、当時の人たちの興奮ぶりが伝わって来る。

○名古屋電燈会社は南長島町に在り。煉瓦の構造優麗にして煙突雲を凌《しの》ぎ、市中各町に架設する電線は恰《あたか》も蜘蜩《ちもう》（クモの網）の如く厦頭《かとう》（軒先）にむらがり、工場には精巧の器械を装置し、烟筒《えんとう》ひとたび煙を噴《は》けば、すなわち器械は運転を始め、電気次々に線に通じて市街需要の各戸に点火す。その燈光の鮮明にして光力の堅強なるは、暗夜もまたなお白昼の想いあらしむ。其の美観実に言うべくもあらざるなり。

二つの銀行

二つの気になる建物に触れておきたい。ともに銀行である。

一つは「名古屋銀行旧本店」（明治一五年創業）で昭和元年に建設され、平成一二年から二一年までは「貨幣資料館」として使われていた。いま資料館は東区赤塚町へ移り空き家になっているが、姿の良さでは広小路随一だろう。資料館時代に何気なく入ったのも、建物に魅せられたからだ。名古屋市都市景観重要建築物に指定されている。

この建物の隣は広い駐車場になっているが、戦前は「徴兵館」があり、戦後は大和生命が引き継ぎ、さらに東海銀行本店別館になった。そのむかしにさかのぼると、安永二年（一七七三）に長者町から店を移した「尾州名古屋御秤所」の「守随《しゅずい》」が店を構えていた。今はすべてが消え、ノッペラボウな駐車場だが、角地に申し訳程度に、大和生命時代の外壁の一部が展示されている。

駐車場から本町通りを挟んで「三菱東京ＵＦＪ銀行」の巨大なビルが建つ。この長い名前に未だに馴染めないが、要するにむかしの「東海銀行本店」である。そういえば旧名古屋銀行も東海銀行の前身の一つで、昭和一六年に愛知銀行、伊藤銀行と合併して東海銀行になった。ただしいまの名古屋銀行とは関係がないそうだ。

旧名古屋銀行本店の建築は、鶴舞公園の噴水搭や奏楽堂を手掛けた鈴木禎次（一八七〇～一九四一）によるもので、何となく雰囲気が似ている。解説書によると、いちばんの特徴は正面玄関の左右三本ずつの円柱が四階部分まで延びていることで、古代ギリシャ建築のコリント式と呼ばれる様式、とある。細めの柱身に溝が掘られ、ギリシャ国花のアカンサスの葉が柱頭にかたどられている。

もう一つは「三井銀行名古屋支店」で、いまも「三井住友銀行名古屋支店」として現役である。旧名古屋銀行から一ブロック飛ばした「桑名町通と長島町通の間」は、三井住友の牙城で、

三井住友銀行名古屋支店

旧名古屋銀行本店

その桑名町側にある。昭和一〇年の竣工で設計は曽禰中條建築事務所、二階建てで東隣の高層ビルと好対照をなしているが、少しの遜色もないという専らの評判、六本の円柱はギリシャのイオニアから起ったイオニア式の様式で、解説書には「柱の礎盤と柱頭の渦形文様に特徴がある」という。

三井銀行名古屋支店といえば支店長の矢田績を思い出す。この建物ではないが、伝馬町にあった三井銀行店を広小路へ引っ張り出した（大正四年）のは、矢田の功績である。その後東京へ呼び戻されたが、大正一一年に三井を辞めて名古屋へ戻り、橦木町の井元邸の隣に住んだ（108ページ参照）。亡くなる五年前にこの瀟洒な名古屋支店は竣工しており、むろん真っ先に駆けつけただろう。

納屋橋

散策図は広小路伏見までだが、口絵に載せたこともあり納屋橋について簡単に触れておく。橋は伏見通からは五〇〇メートルの距離にある。

慶長一五年（一六一〇）、福島正則（一五六一～一六二四）を総奉行として堀川の開削が行われ、五条橋から下流の尾頭橋まで七つの橋が架けられた（堀川七橋）。その真ん中が納屋橋で橋中央の「半円形持出《もちだし》」部分欄干に、中貫《なかぬき》十《じゅう》文字《もんじ》の福島正則の家紋が鋳出されている。十文字は薩摩の島津家が有名だが真中が抜けているから中貫、正則が広島城の無届修築で改易されたためか、一般の「家紋集」には見当たらない。彼は信濃高井野藩に移され、さらに没後の不始末があって取り潰された。江戸時代に二千石の旗本として復活するが、以後の家紋は「沢瀉《おもだか》」である。ただし幕府への対抗意識が強い尾張藩では、ずっと後まで中貫十文字（釘貫き紋とも）を御門番所の幕に用いていたという（大野一英『堀川』）。近くに信長の木瓜《もっこう》、秀吉の桐、家康の葵紋があるが、それより上位に鋳ているのも正則への思い入れがあってのことだろう。

現在の橋は昭和四六年の架橋だが、欄干は大正二年のものをそのまま修復して用いている。大正年の完成のセレモニーでは、近くに住む二家三代の夫婦が鎌倉、江戸、昭和の衣装を身に着け渡り初めを行った。二家とはうどん屋と饅頭屋で、これを機にうどん屋は「長命うどん」、饅頭屋は「納屋橋饅頭」に改名したという。名前のとおり長命うどんは発展し、いま市バス「千成通」近く（中村区下中村町一）に本店が移り、系列店も一〇店ほどある。懐かしい酒饅頭の方は、橋の西詰に建つ高齢者向け住宅「ジョイフル名駅」一階に納屋橋饅頭の新店舗を構え、入るのが躊躇《ためら》われるほど立派になった。

橋の西詰から斜《はす》に見る納屋橋が秀逸で、正面の加藤（貿易）商会ビルとの取り合わせが佳《よ》い。二、三階が煉瓦調タイルで覆われ、地下の一階は堀川に面している。昭和一〇年代はシャム（タイ）の名誉領事館が置かれ、いまはタイ料理の店が入っている。堀川再生のシンボル的な建物として国の登録有形文化財にも指定、地階は市民団体に堀川ギャラリーとして開放され、様々な堀川再生のイベントに活用されている。

中貫十文字（福島正則の家紋）

◇　◇　◇

広小路通には、まだいくつか気になる建物や遺跡があるが、折角の歴史歩きが最後は駆け足になってもつまらない。この辺りで一休みし、また元気が出たら歩き出そうと思う。

主要参考文献

『信長公記』（太田牛一著　桑田忠親校注　新人物往来社　一九九七年）

『信長記』上（小瀬甫庵撰　神郡周校注　現代思潮社　一九八一年）

『織田軍記』（『総見記』とも　「通俗日本史」早稲田大学編集部）

『尾張名所図会』（岡田啓　小田切春江ら　前編七巻一八四三年刊行　後編六巻一八八〇年刊行　上中下三巻復刻一九一九年）

『清洲町史』（中村栄孝ほか　清洲町史編さん委員会　一九六九年）

『鸚鵡籠中記』（朝日文左衛門　名古屋叢書続編巻九〜一二　名古屋市教委　一九六九年）

『愛知県の歴史』（新井喜久夫ほか　山川出版　一九七〇年）

『新修稲沢市史』資料編　考古（稲沢市　一九八四年）

『承久記』（二巻　著者不詳　鎌倉末〜室町初期成立　活字本『日本古典全集』ほか多数）

『尾張志』（六一巻　深田正韶、岡田啓ほか　一八四三年成立　藩の二次官撰地誌　活字本歴史図書社・一九六九年）

「名古屋城下町の方格式町割」（水野時二・『人文地理』一六の二号所収）

『張州《ちょうしゅう》府志《ふし》』（全三〇巻・松平君山編・一七五二年成立　藩の官撰地誌　活字本「名古屋史談会」一九一三年）

『旧版　名古屋市史』政治編ほか（名古屋市役所　一九一五年　復刻一九七九年）

『金城《きんじょう》温古録《おんころく》』（全六五冊　奥村徳義著　一八六〇年成立　名古屋叢書続編巻一三〜一六に所収）

『名古屋合戦記』（著者成立年とも不詳　『改訂史籍集覧』『続群書類従』合戦部所収）

『言継《ときつぐ》卿《きょう》記《き》』（山科言継著　国書刊行会　一九一四年）

『尾張名陽《めいよう》図会《ずえ》』（全七冊　高力猿猴庵　江戸末成立　名古屋史談会複製本　一九四〇年）

『金鱗《こんりん》九十九《つくも》之《の》塵《ちり》』（全編九九巻　桑山好之著　弘化頃成立　名古屋叢書第六、七巻地理編所収　一九五九年）

『織田信長事典』（岡田良一ほか　新人物往来社　二〇〇七年）

『名古屋城史』（城戸久　名古屋市　一九五九年）

『名古屋城年誌』（名古屋城叢書2　服部鉦太郎　名古屋城振興協会　一九六七年）

『名古屋城三の丸・御土居下《おどいした》考説《こうせつ》』（岡本柳英《りゅうえい》　昭和三四年）

『尾張藩漫筆』（林董一著　名古屋大学出版会　一九八九年）

『下街道』（歴史の道調査報告Ⅵ　愛知県教委　平成二年度）

『新修名古屋市史』（新修名古屋市史編集委員会　名古屋市　一九九七年〜）
『尾張の街道と村』（桜井芳昭著、刊　一九九七年）
『愛知商売繁盛図会』（ブックショップ「マイタウン」刊、明治一〇〜二〇年代の商工業者名鑑）
『尾張国地名考』（全一二巻　津田正生《まさなり》著　一八一六年成立　活字本海部郡教育会刊・一九一六年）
『尾張国熱田太神宮《だいじんぐう》縁起　（「寛平《かんぴょう》縁起《えんぎ》」とも　末尾に八九〇年を記すが鎌倉初期の成立か。『群書類従』神祇部所収）
『続・熱田裁断橋物語』（市橋鐸　泰文堂　昭和四六年）
『日本姓氏大辞典』（全三巻　丹羽基二著　角川書店　一九八五年）
『西区の歴史』（山田寂雀ほか　愛知県郷土資料刊行会　一九八三年）
『南区の歴史』（三渡俊一郎　愛知県郷土資料刊行会　一九九六年）
『東区の歴史』（岡田弘ほか　愛知県郷土資料刊行会　一九九六年）
『中村区の歴史』（横地清　愛知県郷土資料刊行会　一九八三年）
『緑区の歴史』（榊原邦彦　愛知県郷土資料刊行会　一九八四年）
『新訂版　名古屋の史跡と文化財』（名古屋市教育委員会編　一九九〇年）
『万葉集』（全四巻　岩波書店　日本古典文学大系　一九五七〜六二年）
『愛知県の地名』（日本歴史地名体系二三　平凡社　一九八一年）
『我自刊我書《がじかんがしょ》』本（明治時代古書の保存普及を目的に甫喜山景雄《ほきやまかげお》が編集した叢書）
『尾張の戦国時代』（名古屋市博物館図録　二〇〇七年）
『塩尻』（上、下巻　天野信景《さだかげ》著　一九〇七年　國學院大學出版部　復刻東海地方史学協会　一九八四年）
『東街便覧図略《とうかいべんらんずりゃく》』（高力種信《こうりきたねのぶ》　名古屋市博物館刊）
『東海道名所図会』（秋里籬島《あきさとりとう》〈?〜一八三〇頃〉、読み本作者、京都の人、『都名所図会』の他俳書、作庭書など）
『（生きている）名古屋の坂道』（岡本柳英著　泰文堂　一九八八年）
『元禄御畳奉行の日記』（神坂次郎著　中公新書　一九八四年）
『尾府名古屋図』（名古屋市蓬左文庫所蔵　宝永六年の書写）
『摘録鸚鵡籠中記』（大塚学編注　岩波文庫　一九九五年）
『朝日文左衛門《鸚鵡籠中記》』（加賀樹芝朗　雄山閣　二〇〇三年）
『下級武士の研究』（新見吉治著　日本学術振興会　一九五三年）
『万治年間之名古屋図』（延宝年間〈一六七三〜八一〉補訂　名古屋城振興協会所蔵）

『名古屋の地名』（水谷盛光　中日新聞　昭和五五年）
『中部の産業』（安保邦彦著　清文堂　二〇〇八年）
『東区橦木町界隈』（西尾典祐著　健友館　二〇〇三年）
『オールド・ノリタケの歴史と背景』（井谷善惠著　里文出版　二〇〇九年）
『名古屋の火災記録集成』（『東海望楼』三百号記念　名古屋市消防局　一九七三年）
『金府紀較抄』（著者、成立年不詳　慶長五～寛保三年の名古屋の記録の大略　『名古屋叢書』第四巻所収）
『三正綜覧《さんせいそうらん》』（内務省地理局　一九三二年刊　一九六五再刊）
『編年大略』（義直から宗睦時代までの藩編年略史。「名古屋叢書」第四巻、記録編一に収録）
『堀川』（大野一英著　「堀川」出版後援会刊　一九七二年）
『堀川』（伊藤正弘、沢井鈴一著　あるむ　二〇一四年）
『尾藩世記』（阿部直輔《なおすけ》著　一八七五年脱稿、尾張藩の通史）
『正事記《まさことのき》』（津田藤兵衛著　一六六五年頃成立の日記風随筆　「しょうじき」とも）
『広小路物語』（大野一英著　六法出版社　一九七六年）
『明治の名古屋』（服部鉦太郎著　泰文堂　一九六八年）
『覊旅漫録《きりょまんろく》』（「日本随筆大成」第一巻所収　吉川弘文館　一九二七年）
『明治・名古屋の顔』（服部鉦太郎著　一九七三年　六法出版社）
『愛環鉄道』上・下（大下武著　二〇〇九年　大巧社）
『尾張名所図会』（宮戸松斎著　明治二三年／二〇〇〇年　マイタウン復刻）
「名古屋城下図の年代比定と編年について」（名古屋市博物館『研究紀要』一七　平成五年度）
『読み解き方位事典』（山田安彦編　柏書房　二〇〇一年）
※その他、本文中に記載。

大下　武（おおした　たけし）

一九四二年生まれ。早稲田大学文学部国史専修卒業。近代思想史専攻。愛知県立高校教諭を経て、春日井市教育委員会文化財課専門員として、「春日井シンポジウム」の企画、運営に二十年間携わる。

現在、NPO法人東海学センター理事。

東海学センターは、二十年間つづいた春日井シンポジウムのあとを受け、民間で歴史シンポジウムの継続を担うために立ち上げられた法人組織。二〇一五年十一月一日の「第三回東海学シンポジウム」に向けて準備中。

著書に『城北線　歴史歩き』『愛環鉄道　歴史歩き上、下』『スカイツリーの街　歴史歩き』（大巧社）『遠いむかしの伊勢まいり―朝日文左衛門と歩く―』『元禄の光と翳―朝日文左衛門の体験した「大変」―』（ゆいぽおと）。

装丁・口絵デザイン　三矢千穂

尾張名古屋の歴史歩き

２０１５年７月10日　初版第１刷　発行

著　者　大下　武
発行者　ゆいぽおと
〒４６１-０００１
名古屋市東区泉一丁目15-23
電話　０５２（９５５）８０４６
ファクシミリ　０５２（９５５）８０４７
http://www.yuiport.co.jp/
発売元　ＫＴＣ中央出版
〒１１１-００５１
東京都台東区蔵前二丁目14-14
印刷・製本　モリモト印刷株式会社

内容に関するお問い合わせ、ご注文などは、すべて右記ゆいぽおとまでお願いします。

乱丁、落丁本はお取り替えいたします。


ISBN978-4-87758-452-8 C0026

大下武の本

ISBN978-4-87758-443-6

遠いむかしの伊勢まいり　朝日文左衛門と歩く

徒歩と船と駕籠の時代の旅に思いを馳せながら
伊勢への道をたどる

およそ300年前の尾張藩士の日記に三度の伊勢まいりの記述がある。それをたどりながら、伊勢路をいくつかに刻み、最寄り駅からせっせと歩いて、遠いむかしの伊勢まいりに思いを馳せたユニークな旅の記録。

現代でしか出会えない名所もコラムで紹介。

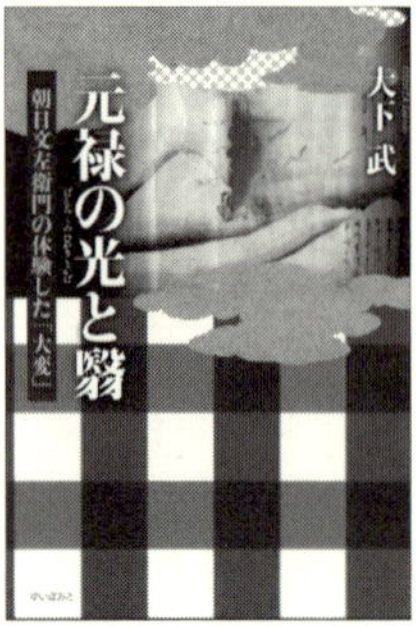

ISBN978-4-87758-451-1

元禄の光と翳　朝日文左衛門の体験した「大変」

元禄関東大地震、宝永大地震、富士山噴火、
そのとき江戸時代の人たちは……

「戦争のない二五〇年」の最初に開花した元禄文化、そして、元禄関東大地震、宝永大地震、富士山噴火とつづく天変地異。現代に似た時代を生きた尾張藩士朝日文左衛門の日記『鸚鵡籠中記』から江戸時代人の知恵と態度を学ぶ。

ゆいぽおとでは、
ふつうの人が暮らしのなかで、
少し立ち止まって考えてみたくなることを大切にします。
テーマとなるのは、たとえば、いのち、自然、こども、歴史など。
長く読み継いでいってほしいこと、
いま残さなければ時代の谷間に消えていってしまうことを、
本というかたちをとおして読者に伝えていきます。